别和叛逆期的孩子较劲

——亲子无障碍沟通50招

修订本

尚阳◎著

長江出版傳媒 | 长江文艺出版社

图书在版编目（CIP）数据

别和叛逆期的孩子较劲. 亲子无障碍沟通 50 招 / 尚阳著. -- 修订本. -- 武汉 : 长江文艺出版社, 2023.12
ISBN 978-7-5702-3350-2

Ⅰ. ①别… Ⅱ. ①尚… Ⅲ. ①青春期—家庭教育
Ⅳ. ①G782

中国国家版本馆 CIP 数据核字(2023)第 192475 号

别和叛逆期的孩子较劲(修订本)
BIEHE PANNIQI DE HAIZI JIAOJIN(XIUDINGBEN)

责任编辑：刘兰青　　责任校对：毛季慧
封面设计：陈希璇　　责任印制：邱　莉　王光兴

出版：长江出版传媒 | 长江文艺出版社
地址：武汉市雄楚大街 268 号　　邮编：430070
发行：长江文艺出版社
http://www.cjlap.com
印刷：武汉中科兴业印务有限公司

开本：720 毫米×970 毫米　1/16　　印张：18.875
版次：2023 年 12 月第 1 版　　2023 年 12 月第 1 次印刷
字数：222 千字

定价：42.00 元

用大众立场看大家作品

——长江文艺出版社“大教育书系”序言

教育是世界上最特别最奇妙最千变万化的事情。

世界上任何变化，政治的、经济的、社会的、科技的……桩桩件件，都会发生蝴蝶效应，都会对教育产生这样那样的影响。所以，教育总在变化着。比如，计算机的出现、网络教学的流行，未来的课堂教学模式将发生根本的变革。当粉笔距离我们的讲台渐行渐远，未来的纸质书籍的阅读是否也会逐步让位于电子书籍？甚至，翻译机器可以完成基本的交流沟通时，语言教学是否也可能变得不再重要？这些已经发生的、即将发生的、可能发生的改变，让我们的明天变得不可预知。

同时，教育也是最坚韧最牢固最不会变化的事情。

万物改变迅捷，人性进化缓慢，教育因此万变不离其宗。所以，古今中外，人同此心，心同此理，人的身心发展的特点，人的学习与成长的过程，有着普遍规律可循。所以，无论我们读两千多年前的《论语》《礼记》，还是读近百年来的杜威、苏霍姆林斯基，总觉得是那么亲切，离我们今天的教育是那么近。所以，我们只需稍稍去芜取精，就能将其中的绝大部分原理再度运用于教育教学实践，就会发现这些原理依然生命常青。也正是这个原因，百年来中外教育家的杰出著作，仍然活在当下，仍然对我们的教育具有重要的作用。

长江文艺出版社的这套“大教育书系”，正是围绕后者而努力。

最初看到“大教育书系”的选题策划，是在年初的湖北长江出版集团的选题论证会上。坦率地说，当时的感觉不是很好。认为主题不够突出，选择人物看不出逻辑，选择标准不够清晰，而且大部分书是重新出版。

后来长江文艺出版社来信告诉我，其实，“大教育书系”有自己的主题和逻辑。之所以命名为“大教育”，首先是选择教育家的范围之大。书系将遴选从近代到当代的中外教育名家的代表性著作或新作，梳理中外现代教育的发展轨迹，并展示近一个世纪以来的教育所取得的成果。其次是读者群体之大。书系针对不同的读者群，主要有三个方向：一是针对中小学老师的教师培训，阐述现代教育理念，解决教育实践中面临的具体问题，培养优秀教师。二是针对父母的家庭教育，用现代的教育观念和手段影响父母，使父母成为教育体系中的重要且有效的环节，培育青少年的健康成长与全面发展。三是针对中小学生以及学前儿童的学生教育，帮助学生提高学习效率，学会交往合作，学做现代公民。一句话，是用大众立场看大家作品。

至于选择的标准，他们提出了三条原则：一是作者具有足够影响力。所选作者应该是国内外被公认的教育名家，产生过广泛而深远的影响。比如陶行知、陈鹤琴、蒙台梭利等。二是突出实践性。所选作品能够深入浅出，具有可操作性，在作品风格方面，力求通俗化、大众化，做到理论与实践的有机统一。三是强调创新性。在遴选经典的同时，也推出当代在教育理论或实践方面有一定建树、观点新锐、富有探索精神且得到公众认可的作品。

所以，虽然我在作这序之时，尚无法看到书系的全貌，也无法估计书系的最终体量，但是能够感觉到出版方用心良苦，感觉到他们的宏大愿景。大浪淘沙，那些真正能够不断被人们捧起的书籍，总是有其强大的生命力的，总能冲破时间与空间的束缚到达我们的手中，抵达我们的心中。倘若教师、父母、孩子三方真正缔结为教育的同盟军，那时教育势必突破困局，得以成长壮大，成为现实生活中的真正大教育了。祝贺大教育书系诞生，更期盼现实大教育的来临。

是为序。

朱永新

2013 年 6 月 6 日

自序：
好父母满足需求，好家长用对方法

人类繁衍生生不息，家庭是孩子生命的摇篮和温床。孩子是父母的作品，家庭是孩子的第一课堂和终身学堂。

成功的家教造就成功的孩子，失败的家教造就失败的孩子。

古人云："养而不教，禽犊之爱也。"《颜氏家训》主张："父子之严，不可狎；骨肉之爱，不可简。"本书提出："爱子，要爱得其所；教子，要教得有方。" "好父母"不等于"好家长"；"好父母"一定要做"好家长"！

在孩子成长的道路上，父母对孩子起到决定性的作用。好家长对孩子的养育，要把爱子与教子结合起来，切忌"无教而爱，只养不教"。

本人的《你在为谁读书》出版近十年来，接到过无数家长的来信和提问，使我不得不站在"家长"的角度进行思考和研究。

我既是专家，也是孩子的父亲，现将自己作为一位家长教养孩子的切身得失与亲爱的读者们分享一下：

我有两个儿子，一胖、一瘦，一白、一黑。

大儿子，白白胖胖的，今年25岁，在英国世界名校读研。

小儿子，黑黑瘦瘦的，今年21岁，在美国加州大学学习。

他们都正处在健康快乐、青春激情和充满理想的美好时光，别人羡慕、赞许我教子有方，其实我的内心喜忧参半，自许与自责参半。

喜的是：老大稳重、大气、认真、严谨，基础品格与知识能力较扎实，待人亲和，善于沟通，谦虚好学，理解力强，思维清晰严密，演讲和写作能力较强；老二忠诚、善良、认真、刻苦，富有责任和爱心，独立思考能力强，动手能力强，自律性强，情商较高，曾多次获得三好学生、优秀论文奖、足球金球奖。

忧的是：老大，低调务实，积极进取性不够；受环境制约，随遇而安；有压力，才会有动力；内心深处，不太愿意担责任，比较计较利益得失。老二，学习记忆能力不是很强，沟通表达不够流畅，自信心不强，比较自我，心胸与思维不够开阔，自我要求过高，处事常常比较纠结。

自许的是：两个儿子今天所具有的一些优良品格和能力，是作为家长的我和夫人通过多年努力才塑造出来的。

自责的是：两个儿子身上至今还存在一些弱点和性格上的缺陷，现在要想改变已经为时过晚，而这些缺陷将会影响他们一生。原本在他们青少年时期家长是可以帮助他们克服的，俗话说：

“教妇初来，教子婴孩”，只因当时自己的家庭教育水平不够，用心用时不够，现在悔之晚矣。

古人云：“子不教，父之过。”孩子教育不好，是我们做父母的责任和过失。没有学不好的孩子，只有不会教的父母。

虽然今天我也算是一名成功人士，但扪心自问，我并不是一名真正称职的好父亲。其实我们大多数父母都是不称职的，我们往往“只养不教”或“严人不律己”，总是拿“马列主义的手电筒”去照孩子，而不用来照自己，当我们客观、深刻地反省自己的时候，相信亲爱的读者也会和我一样有同感！

孩子是父母生命的延续，是父母最重要、最伟大的作品，“人生至要，无如教子”。我多么想重新再做一次小孩子的父亲，用更多的时间和爱心去呵护他们成长，用更正确有效的方法去培养他们优秀的品格与素养，但是，时间不能倒流，孩子很快就会长大成人，他们将会远离我们，去创造自己的生活。当我们回首往事，有所悔悟时，往往已经为时过晚！亲爱的读者，我多么羡慕你们是6岁、10岁、14岁孩子的父母，请千万要珍惜这最美好的时光，多给孩子一点爱的滋润，多给孩子一点正确的引导。

本书的写作结构是：家长提问，作者回答，加上案例性的故事。

本书主要内容有：前言：其实我们是不称职的家长；沟通篇：怎么说，孩子才会听；品格篇：给孩子一颗强大的心；学习篇：和孩子一起培养学习能力；生活篇：伴随着孩子快乐成长；安全篇：指引孩子躲过人生陷阱；观点篇：育儿故事——画龙点睛；附录：好家长必须了解的教育心理学知识。

本书能得以顺利完成并出版，要感谢长江文艺出版社的大力支持；特别是中国传媒大学 MBA 学院陈镜宇同学，感谢他参与文字编写工作所付出的辛勤劳动；还要感谢广大家长读者的关心、沟通与促进。

因时间和水平所限，书中难免会存在一些瑕疵，敬请读者指正。

尚阳

2014 年 6 月 1 日

目录 CONTENTS

品格篇　给孩子一颗强大的心

学习篇　和孩子一起培养学习能力

生活篇 伴随着孩子快乐成长

安全篇　指引孩子躲过人生陷阱

观点篇　育儿故事——画龙点睛

附录　好家长必须了解的教育心理学知识

前言：其实我们是不称职的家长

给予孩子爱和照料，是作为“父母”的本能，也是绝大多数父母都能做到的；给予孩子正确的教导和指引，帮助他们树立正确的价值观、培养健全的人格，能顺利融入社会快乐生活，是身为“家长”的职责，却并不是很多人能够做到或做好的。

孩子在成长过程中会有几个“教育关键点”，家长若能在这几个关键点时期发挥正确的引导作用，就能帮助孩子度过“危险期”，顺利成长。而“青春期”毫无疑问是其中最为重要的一个“点”。

《你在为谁读书》中杨略的父母因为工作忙忽视了和孩子的沟通与教育，结果杨略迷上网络游戏，终日不思进取、游戏人生；陈之浩的父母为了补偿对孩子的爱，让他大量花钱，钱能替代孩子成长心灵的鸡汤吗？孙甜的父母长年在国外，她由爷爷奶奶管，结果隔代教育与沟通出现了问题；顾盛玲的父母离异，她从小缺乏母爱，导致性格外强中干；袁征的爸爸没文化，不了解孩子心里的压力，只要分数和面子，沟通方式简单粗暴，导致袁征离家出走。如果没有心仪的出现，我们书中的主人翁们的成长历程将会更加漫长艰辛。

其实我们大多数家长都与他们的家长一样，只管孩子的生活和学习成绩，只管自己的工作和所谓的家庭大事，对孩子成长过程中的许多歧路、沟坎是没有意识到的，尤其是在青春期这一特殊时期，家长对孩子的引导和帮助尤为重要，甚至将影响孩子的一生。所以，扪心自问："我"是一个称职的家长吗？"我"尽到了"家长"的职责吗？

不称职家长十八项自测表

问题	态度表现与方法	测评
1. 我关爱自己的孩子吗？	足 一般 不够	A B C
2. 我关爱的方法正确吗？	自我满足的关爱 直接的关爱 间接的关爱	C B A
3. 我与孩子沟通的状况如何？	正常 少而不畅 平等、亲切、有效	B C A
4. 我注意到在孩子面前的情绪了吗？	很注意并做到了 意识到 没注意	A B C
5. 我了解孩子内心的真实需求吗？	了解 部分了解 不了解	A B C
6. 我知道孩子的性格、特长、智能吗？(基本特点、九型人格、十二项智能)	初步了解基本特点 了解智能 三项都了解掌握	C B A

续　表

问题	态度表现与方法	测评
7. 孩子犯错了怎么办?	不管或打骂 批评教育 实事求是，找机会根治	C B A
8. 孩子遇事我怎么办?	直接包办 不管 培养孩子正确解决问题的能力	C B A
9. 赏识教育好，还是严厉教育好?	赏识教育 严厉教育 折中教育	B C A
10. 允许孩子心中有秘密对吗?	对 不对 适当	B C A
11. 我能做一位“听话”的父母吗?	能 不能 尽量	A C B
12. 在孩子面前我是否言行一致?	是 不是 部分是	A C B
13. 我注重对孩子自信、坚强、责任心、立志等良好品格的培养且方法得当吗?	是 不是 不系统	A C B
14. 在培养孩子良好的学习习惯上我下了功夫且有效果吗?	是 不是 不系统	A C B

续　表

问题	态度表现与方法	测评
15. 面对孩子的考分我采取的是什么态度？	对分数敏感，得高分表扬 低分愤怒 重过程不重结果	B C A
16. 我重视孩子学校的家长会并懂得如何间接运用信息正确引导孩子进步吗？	重视参加并认真直接反馈 不重视 善于运用家长会信息正确引导孩子进步	B C A
17. 我重视并用心培养孩子养成良好的阅读习惯了吗？	没有 有 没有持续深入	C A B
18. 孩子的成长需要有成功的体验！我经常为他成功的体验做出明显的贡献了吗？	是的 没有 不明显，不经常	A C B

请对照自测表自我分析一下：A 选项的家长是我们学习的榜样，B 选项的表现是需要改进提升的，而 C 的做法则是错误的。如果你大部分选项都是 A，那么恭喜你是一位难得的好家长；如果你大部分都选的是 B 或者 C，那么请你务必认认真真看完本书接下来的内容，相信会带给你与孩子意想不到的改变和帮助。

沟通篇

怎么说，孩子才会听

开篇小语

沟通的前提是尊重

人与人之间的良好沟通，无论是什么样的关系，首先是要建立在互相尊重的基础上。如果一方高高在上，总是用教训、质问的口气，那么，另一方就不可能心平气和、推心置腹地与其交流，反而会直接反驳、顶撞。因此，想要达到良好的沟通效果，就必须学会互相尊重。

其实，和孩子的沟通也是一样。不少家长抱怨自己的孩子不与自己谈心交流，却很少反思自己的问题，更有家长脑子转不过弯来，纳闷和自己的孩子说话还需要心平气和、客客气气吗？还用得上“尊重”这个词语吗？

答案是肯定的。我们人类什么时候开始有“自尊”这个概念呢？专家也是说法不一，有的说一岁以后，有的说是两岁开始，总之是很幼小的年龄。比如，大人谈到他的优点时他会明显很高兴，说起他的缺点时他就会皱眉，甚至会发出声音表示抗议。因此，不管多小的孩子，我们都要给予应有的尊重。现在的孩子作为“互联网原住民”的一代，他们比以往任何时期的同龄人都要懂得更多，他们是敏感而又早熟的一代，更需要我们的呵护，让其健康发展而不受到伤害。

那么，作为家长，我们应尊重孩子什么呢？

第一是尊重孩子的选择。只要孩子的选择对其生理心理的发展不会带来害处，就应该给孩子这个权利。父母给孩子铺就的路难免会与孩子自己的意愿发生冲突，这时就算父母觉得自己的决定更好，也要跟孩子摆事实讲道理，要说服不要压服。

第二是尊重孩子的嘴巴。这个世界是新奇的、充满疑问的，我们要尊重孩子的提问，对孩子的每一个问题加以重视，启发孩子独立思考，或者与孩子共同讨论，共同寻找答案。往往孩子的“胡说八道”和“信口开河”里，蕴含着宝贵的想象力。

第三是尊重孩子的空间。就算是小动物，也有自己的“领地空间”，所以孩子也有自己的隐私和小秘密。给他们一些自由，让他们可以自己钻研，享受发现的乐趣。

世界上一些著名的教育方法都强调对孩子的尊重，这是一条重要原则。然而，正如我们前面所说，在中国，普遍存在父母对孩子不尊重的情形。首先因为在中国的传统观念里，“棍棒下面出孝子”，孝顺的子女都是管出来的。虽然已经没有人再讲“三纲五常”，但它对人们的影响是很难消除的，比如，“我家孩子很听话”一直是左邻右舍中衡量好孩子的标准，如果父母表现得对孩子很尊重，倒会被有些人认为是没有规矩、有失体统；其次是现实的原因，教育资源的缺乏，加上从小到大层层的竞争，逼得做父母的不得不把所有精力和心思放在自己孩子身上，以孩子考出好成绩作为首要任务，是否尊重孩子已经无暇顾及。

新时代的父母要做出表率，年轻的父母不要将孩子当作是自己的私有财产，看成是自己的附属物，而是敢于树立“人格独立平等”的观念，把孩子当作独立的个体对待，给予他们尊重和平等的态度。在这种前提下，和孩子倾心交流，你会发现，孩子其实要远远比你想象的懂事和善解人意，你可以成为他的朋友，成为他最贴心的知己。年轻的父母们，掌握沟通的钥匙，和你的孩子一起成长吧！

1 你的孩子是哪种性格?(九型人格)

Q:

与其他家的小朋友相比，我的儿子显得非常胆小，不是特别合群，在家中一个人待着的时候，他就变得轻松自如许多。我和他妈妈都是个性十分开朗的人，不知道为什么我们的孩子性格却如此内向，和我们大相径庭。请问尚老师，我们是应该采取一些教育方法来改变他的性格呢，还是不采取措施，让孩子顺其自然地发展?

A:

事实上，我接到了很多关于孩子性格的信件，有的家长忧心自己孩子太过活泼，爱惹麻烦；有的家长觉得孩子性格内向，担心他们不合群，被人欺负；有的家长则觉得自己孩子太过吹毛求疵，办事较真，万一以后被现实碰得头破血流怎么办?……这些形形色色的问题其实都指向了一个理论：九型人格理论。

根据这个理论，我们可以把孩子分为九种类型，现在让我们一起来了解它们：

第一型：完美型孩子。这类孩子很尊重规律，做事十分有条理，致力于追求完美，会为了达成老师和家长的期望而努力。当这类孩子对你提出意见时，师长们必须表示出尊重他们的态度。同时他们为人耿直，如果你犯错了，坦白承认错误是跟他们相处的最好方法。

符合第一型性格的孩子，他们天生需要找寻秩序：对与错，道德观念。如果他们觉得自己错了，他们就会自我惩罚；如果是别人错了，他们也会毫不犹豫地惩罚他人。完美型的孩子总会觉得我是好的、负责任的，别人又错又懒又不成熟，所以常常会去找别人的错误。

第二型：助人型孩子。他们似乎是上天派下来的天使，性格乖巧，喜欢顺人意思，并且会主动帮助那些需要帮助的人。助人型的孩子渴望得到他人的爱，所以父母要让他们知道父母爱他们，和他们多相处、游戏，并且要以真诚的态度去感激孩子的帮助。

符合第二型性格的孩子，与生俱来需要被爱和被接受，他们不认为爱是免费的，而是相信必须先付出才能得到，所以会先考虑别人的需求，经常用付出去争取他人对自己的好感。

第三型：成就型孩子。他们似乎是天生的成功者，他们重视成就、表现，爱以优胜劣败来看待自我价值，所以在人群中非常精神和醒目，常成为大家的焦点。作为他们的长辈，对他们正确的做法不宜干预太多，而应该多鼓励和关注，这会让他们变得奋发上进，成为实现自己理想和目标的人。

符合第三型性格的孩子，他们认为被赞赏及肯定就是被爱，如果自己有外在成就最容易被注意。

第四型：艺术型孩子。从小就有艺术细胞的一群人，他们有创意、敏感、喜爱幻想、多愁善感；常会坚持己见，抗争到底，对权威不屑一顾。父母某种程度上应该理解他们敏感的情绪，对他们应该有更多的爱护和关心，让他们感受到父母的支持。

符合第四型性格的孩子，他们可以看到自己的与众不同，多愁善感，热情来得快，消退得也快。

第五型：知识型孩子。拥有学者气息的他们通常比较沉静、独立、喜爱阅读及不善交际。对于他们的成长来说，还有什么比给他们独立的空间去思考和处理自己的问题重要呢？家长要尊重他们的决定，不要越俎代庖，擅自给他们做太多的选择。

符合第五型性格的孩子，理智和冷静，所以对感情偏向于理性，让他人认为不好接近。其实，他们对别人的爱都埋藏心底。

第六型：诚实型孩子。忠厚是他们的代名词，他们对陌生的环境容易感到紧张，没有安全感。但他们有一颗忠厚的仁慈心，父母不要指责他们的胆怯情绪，而是要和他们一起去解决问题，并且赞赏和鼓励他们尝试新事物。

符合第六型性格的孩子，将爱定义为绝对的支持，没有绝对的支持，他们就不会完全地信任你，然而他们生性纯良，所以又活在矛盾之中，是进退维谷的一种性格。

第七型：热情型孩子。他们活泼好动，似乎一刻都停不下来，喜欢探索新事物；他们爱自由，不爱别人管束，不喜欢遵守规矩，为人乐观。长辈们要给他们适度的自由，因为他们喜欢不被拘束，教导这类型的孩子，就要摒弃传统刻板的方法，采用活泼有趣的方法。

符合第七型性格的孩子，他们认为爱他们就必须彻底照顾他们，并让他们为所欲为，不会容许任何人阻止他们享受生活的乐趣，他们绞尽脑汁去得到他们所需要的。

第八型：支配型孩子。这类孩子有很强的领袖意识，他们会替别人做主和指挥别人，不喜欢受人支配或控制，个性冲动，当别人触怒他们时，他们会立即反击，不易服输。由于从某种意义上来说，这类孩子具有攻击性，所以家长要注意孩子的安全，同时自己也不要优柔寡断，要有鲜明的立场，这样才会得到孩子的尊重。

符合第八型性格的孩子，认为被爱就是不被欺负，所以对成长环境的危机非常敏感，相信依靠自己生活是最佳生存之道，不敢表现脆弱的一面，生怕被别人欺负，懂得照顾自己，不懂得去爱。

第九型：和谐型孩子。他们安安静静，个性淡泊，不爱争执。在教育他们的时候，父母要为孩子设定充分的时间完成事情，不要过分催逼他们，可以利用互动的提问让他们澄清自己的立场和意见。

符合第九型性格的孩子，他们相信别人，认为被爱就是保持和谐，千方百计避免冲突，不替人制造麻烦，玩“隐形”，不兴风作浪，只是随波逐流。

看完上面的分类，相信你和许多家长一样，有一些“拨开云雾见天日”的感觉。其实，在一个人人格最健康的时候，随时有人格整合的可能，也正因为如此，我们可以在自己孩子身上找到很多型人格的复合体。

事实上，每一型的人都各有其优缺点，并且在某些诱因下会进行转变，转变规则符合下面两个原则：

第一个原则：1 → 7 → 5 → 8 → 2 → 4 → 1

第二个原则：3 → 6 → 9 → 3

需要注意的是，顺向为人格升华方向，逆向为人格恶化方向。

例如某个具有第五型人格——知识型人格的孩子心理健康时，便会同时出现第八型——支配型人格的魅力，变得合群起来，但同样，如果他的心理不健康时，便会出现第七型的心理不健康特征，比如没有底线的探索，等等。

只要家长做好引导工作，给孩子提供健康的成长环境，就能让孩子人格向好的方向发展，向好的人格升华，让孩子的性格与素质都获得提高。以下是一个简要的人格升华表：

1 → 7：放下拘谨，宽容乐观，敢于尝试，获得“开朗”；

7 → 5：减少冲动，处事冷静，深入思考，获得“理智”；

5 → 8：坚强勇敢，果断自信，言出必行，获得“威信”；

8 → 2：热情友善，乐于助人，心胸开阔，获得“纯真”；

2 → 4：坚持心愿，自我享受，爱人爱己，获得“谦卑”；

4 → 1：安分守己，是非分明，客观冷静，获得“平衡”；

3 → 6：尽责细心，三思后行，忠心耿耿，获得“忠诚”；

6 → 9：随遇而安，放下焦虑，信服别人，获得“信任”；

9 → 3：目标明确，勤快积极，自我挑战，获得“果断”。

了解完九型人格理论后，我们就可以有的放矢了。比如这位觉得孩子胆小的父亲，你的孩子显然就属于第六型人格，要帮助他，父母就要鼓励他多参加学校的社团活动，告诉他男子汉应该挺起胸膛，去做一番惊天动地的事业，爸爸妈妈会一直是他最坚强的后盾。我相信，在这种鼓励支持下，孩子一定会渐渐具备第九型人格的优点，变得相信他人，能与别人和谐相处，而在正向激励的不断作用下，他还能具备第三型人格的优点，成为一个积极乐观、活泼的孩子。

孩子的性格除了天生的因素外，还受着后天环境的影响，要想孩子成为人格健全、快乐活泼的人，家长有着指引孩子的义务。掌握好九型人格理论，就是构建孩子完美人格的第一步，除此之外，家长要铭记一点：

“没有教不好的孩子，只有不会教的父母和老师”，家长要秉持因材施教的教育理念，了解世界上没有完全一模一样的人，也没有百分百相同的性格，发挥孩子性格中的优点，矫正孩子性格中的缺点，帮助孩子幸福地成长。

尚阳讲故事

根据《史记》记载，孔子有弟子三千，孔子的弟子性格各异，有的沉稳，有的活泼，有的木讷，禀赋和才能也不一样，可谓是三教九流、形形色色。孔子提出“因材施教”的观点，让每一个弟子都能完善自己，学习、阐发，并创造性地发挥着自己的思想，这为当时的社会管理、经济发展、道德进步和文化普及，提供了坚实的知识基础和丰富的人才资源。最后，三千弟子中承传儒学之大成者，被称为孔子门徒“七十二贤人”，流芳千古。

2 对付“叛逆期”，只能智取

Q：

自从孩子进入初中以后，我就感觉她的性格变得越来越难以捉摸——她好像总有发脾气的理由：我买给她的衣服，她会觉得款式难看；我要她认真学习，少看电视剧，她就会举出很多反驳的例子；我们让她放学早些回家，她就强调和朋友相处的重要性。总而言之，她总是能找到我们错误而她正确的理由。孩子平时对我们的叮嘱也只当作耳边风，置若罔闻。我很担心她的学习以及生活状态，但又不知道怎么办才好，孩子这样我行我素的状态会持续多久呢？

A：

很多家长都遇到过这样的情况：自己平时乖巧可爱的孩子，似乎在某一天，一下子就变得不服从管教，爱顶嘴了，对家长和老师的话不屑一顾。面对这样突如其来的变化，很多父母都慌了手脚，不知道该如何处理。其实这种现象并不是孤立现象，在心理学上它有个专门的名词：青春叛逆期。青春叛逆期持续的时间因人而异，但总会持续到当事人心智成熟为止。所以，帮助孩子成长，心智成熟是解决这一问题的唯一办法。

在孩子小的时候，父母在孩子心目中一直是非常了不起的。孩子们接纳父母的观点，并且能够依靠父母所提供的思维角度来判断是非。但是，如同种子在合适的条件下就会发芽，孩子随着年龄和知识的增加，开始学会用自己的眼睛看世界。他们每天都在学习，都在接受新的东西，所以必然会进步，会获得许多新的能力。这是一个走向独立的过程。

某一天，孩子忽然发现，家长提供给自己的空间和外面的大千世界相比，实在是太渺小、太狭隘了！孩子们会开始觉得自己的想法和见识比父母更先进，他们更喜欢和有相同爱好的同龄人来交流和沟通，而站在对立面的自然是那些“陈腐”的长辈。他们会开始无法接纳父母长辈的人生观、价值观。于是，父母越是千叮咛、万嘱咐，孩子反而故意反其道而行之，这个时候一些偏激的孩子会把逆反心理付诸实践，在行动上开始不配合家长，甚至用早恋、逃课、出走等激烈方式来对抗，这就不仅仅涉及逆反心理，甚至还涉及青春期的其他诸多问题。

因此，当孩子进入青春叛逆期时，家长必须重视。如果在这个问题上处理不当，就会严重影响父母与孩子的感情交流。当然重视并不等于恐慌，家长要具有基本的信心，要相信自己的孩子，相信他不会在“逆反”这条路上愈走愈远，同时也要采取一些正确的措施引导孩子，而不是火上浇油，忙中添乱。

总的来说，有三点是家长们必须要注意的：

第一，家长心中不要拥有固定的成见。有些家长在孩子一进入青春期时，便主观判断孩子会有青春期逆反心理。心理学家告诫我们，实际上并不存在青少年行为的必然模式，不同的心理反应的强弱因人而异，并不是每个孩子都会变得敏感、易怒、不容易管教。父母不要一看到孩子有独立意识的迹象便极力压制，担心稍有让步就会让孩子变本加厉，其实可怜的孩子本来没有逆反心理的，但当一些合理诉求被扼杀以后，反而会走向父母的对立面。于是乎，父母反应越激烈、越过分，孩子就越会坚持己见；父母若强行压制，那么一场大冲突在所难免。所以做家长的，一定要实事求是，而不是抱着先入为主的成见，用“想当然”来教育孩子。

第二，家长要对孩子持有一颗包容的心。其实很多时候我们对朋友、对同事，甚至对陌生人都能理解和包容，但对自己的孩子却往往缺乏耐心和容忍。我们已经知道，有的孩子进入青春叛逆期以后，会变得非常难以管教，这种情形很容易引起父母、老师们的反感，而父母、老师们越是恼火，就越容易引起孩子们的心理反弹。青少年有自我意识了，很想“走自己的路，让别人说去吧”，所以父母不要太和青春期的孩子较劲，而是应该多打感情牌，多和孩子交流，照顾到孩子的尊严。

第三，家长要保持住自己的权威性。也许看到这里，有些家长会觉得和第二点矛盾。矛盾吗？一点都不矛盾。父母应成为孩子的朋友，相互信任，共同享受家庭的快乐，但这种友谊不应包括地位的平等。就好比一艘前进的轮船里，你仍应是一名船长，你可以听取船员的意见，但最终决定航向的仍是你。权威型家长的好处在什么地方呢？

要知道，家长可分为三种类型：放纵型、专制型和权威型。假设一个13岁的孩子要去同学家参加周末聚会，放纵型的家长会说：“好吧，但不要待得太晚。”这种情况下，最大的可能就是孩子并不会把家长说的话当一回事，因为自己是“大人”了，那就自己安排时间呗！

放纵型家长要么对孩子漠不关心，要么给他们充分的自由取悦他们。而一位专制型家长的反应则是："不行。你还太小，不能参加这种活动。"很显然，这种专制型家长只会让青春期的孩子反感，矛盾也激化了。这种家长把孩子看得死死的，事无巨细全由他说了算，家庭里又怎么可能和谐呢？

权威型的家长会在考虑孩子的意见后，再给出一个答复："你知道我们周末的作息安排。我们是 11 点熄灯，你如果 11 点前回家，就可以去。"这样既给了孩子一定的自由空间，也让孩子不至于脱离管教。

所以，面对青春叛逆期的孩子，权威型的家长会变得游刃有余。

最后，我要告诉各位家长，中国有句古话："养儿方知父母恩"，换句话说，只有等到孩子也有了他的孩子，两代人才能真正相互理解。当孩子有强烈的自我意识之后，他就会尝试独立，这个阶段从青春期开始，也许会一直延续到他自己也成家立业。只有在他拥有了相当的阅历和修养之后，他才能真正体会到父母的苦心，而不是为了反对而去反对，两代人之间才会重新融合和理解，最后达到和谐。所以，面对逆反期的孩子们，家长们也可以看到自己以前的影子，既然你们都最终平静安稳地走过来了，孩子们也一定可以。

尚阳讲故事

美国前总统，风度翩翩的巴拉克·侯赛因·奥巴马也是从叛逆阶段走过来的。在中学阶段，开始明白世事的奥巴马被自己的混血身份困扰。在当时，种族歧视还异常严重，所以为了挽回尊严，奥巴马吹嘘说自己的父亲是非洲某个国家的王子。而当他的生父有一天终于从非洲来夏威夷看他，并应邀来他的学校演讲时，奥巴马尴尬地坐在听演讲的同学中间，觉得非常没有面子。

倍感失落的奥巴马在夏威夷海滩和街头游荡、逃学，开始抵制家庭和学校的教育。“中学时候的我是每一个老师的噩梦，没人知道该拿我怎么办。”奥巴马在自传中回忆道。还好，后来的奥巴马先后进入了哥伦比亚大学、哈佛大学学习，随着不断地成长和沉淀，他告别了叛逆、莽撞的自己。

不过曾经身处叛逆期的好处在于，奥巴马面对处于青春叛逆期的女儿显得非常从容。据外媒报道，奥巴马接受采访时透露了他应对女儿青春期叛逆的高招：他警告女儿，如果女儿执意文身，那么他和妻子米歇尔也会纹一样的文身，并且在视频网站 YouTube 上展示他们的“家庭文身”——从小被教育要有家族意识的女儿自此放弃了文身的计划。

3 如何让孩子了解父母的爱与无奈

Q：

我是一个13岁男孩的父亲，我和我的爱人平时工作都比较忙，有时候很晚还要加班工作，所以我们也深知陪伴在孩子身边的时间不够多，但值得庆幸的是，我们的家庭收入情况还算可以，所以我们总是尽量在物质方面给予孩子最大的满足。可惜的是，孩子并没有体会到我们对他的那份关爱。有时孩子提出出去玩耍的请求，我们因为工作却不得不延后或者拒绝。渐渐地，孩子有了一种抵触的情绪，觉得我们对他不够关心，也变得不爱上课，不爱学习。我们看着这种情况只能暗暗着急。我们怎么能够让孩子感受到我们对他的那份爱并且体会到那些拒绝的无奈呢？

A：

对于每一位父母来说，对孩子的爱都是无私的，都是毫无保留的。而父母可能没有想到不同阶段的孩子需要的爱是不同的。对于婴儿来说，能够让他吃饱穿暖就是对他最好的爱，而对于再大一点的孩子来说，对他有足够的包容，让他的性格能够充分释放就是对他最好的爱……所以对于有独立想法的孩子来说，父母需要建立与孩子之间的沟通，找到孩子最想要得到的爱。

哪家的父母会不喜欢儿女围在自己的身旁有说有笑？哪个孩子不渴望得到父母的疼爱？但是，许多家长为了生计，为了给孩子创造更好的生活和成长环境，不得不拼命地工作、挣钱。既然这种选择是爱与无奈的矛盾体，我们又该如何处理这种矛盾呢？

第一点：沟通是解决矛盾的最好途径

孩子对父母的爱不认同，源于孩子和父母对于爱的认知是不同的。父母总是会过多地着墨于孩子在物质方面的需求，希望给孩子提供最大的物质帮助，却忽略了精神层面的呵护。而精神上交流沟通的欠缺往往最容易使亲子之间的关系产生矛盾和隔阂。如果父母与子女之间相处时间很少的话，其情感自然无法得到培养和滋润，孩子产生冷漠抵触的情绪就是很正常的事情了。所以，父母要经常和孩子谈心交流，了解孩子内心隐藏的想法，为父母与子女之间更好的沟通搭建一座桥梁。

第二点：时刻关心孩子的成长

称职的父母都会为教育孩子付出大量的时间和精力。他们随时做好准备帮助他们的孩子，在孩子的问题上一点也不自私。他们会为了多陪陪孩子而推迟公务活动，哪怕再忙，当孩子需要关爱时他们都会认真地聆听孩子内心的想法并且会尽量地满足他们的需求，所以，你来信中说自己工作忙而常常推迟与孩子游玩的行为是需要改正的。

第三点：避免无奈的产生

青春期的孩子容易产生这样那样的想法，一旦父母迫于无奈的做法让孩子产生了叛逆的心理，做父母的必然会苦恼。就像你的孩子，由于无法满足对于父母亲情的那份需求，产生了抵触的情绪，开始逃避欢乐的氛围，这样会对孩子的身心健康造成很大的伤害。所以，要做孩子的知心朋友，了解孩子的内心世界，营造一种亲切、温和、理解的氛围，不要让孩子太久沉溺于孤寂冷漠的环境，要让孩子感到父母是最信赖的人，这样父母和孩子的感情就能得到交流，孩子也容易接受教育和指引，避免孩子与家长之间那份无奈的产生。你应该坦然地告诉孩子：父母之所以不能时时刻刻在你身边，是因为家庭的生活压力，是为了让你有更好的生活条件；同时，你也应该多带孩子走出去，让孩子看看这个世界上并没有凭空掉下来的果实，一切的美好都要靠双手奋斗，父母的拼搏都是为了下一代的成长。

总的来说，家长不要让孩子背负过多的压力，尤其是那些本该是家长承担的压力。家长如果只是为了自己内心自私的爱来委屈压抑孩子，又何谈爱孩子？即使是在爱，相信这份爱也是畸形的。就拿你孩子最后不愿意上学的行为来说，不是孩子不愿意上学，而是在不愿意上学的背后想用自己的行动来证明什么，想对自己的爸爸妈妈说什么。这值得你们做出反思，因为没有哪个孩子天生不愿意上学，也没有哪个孩子无缘无故喜欢与自己的父母折腾叛逆。作为家长，在面对和处理孩子的问题时，是否有时间让自己沉下心来思考一下问题的关键所在呢？

一言以蔽之，爱的给予和获得是双方的协同作用，多沟通多关爱，遇到事情从双方的角度来分析，相信你的家庭生活今后一定会其乐融融、幸福美满的。

尚阳讲故事

在乔治的眼里，父亲一直瘸着一条腿走路，他的一切都平淡无奇。一次，市里举行中学生篮球赛，他是队里的主力。他对母亲说希望她前往，母亲告诉他，即使他不说，她和父亲也会去的。但乔治却告诉母亲："我只希望你去，父亲他什么都做不了，只会让我没面子。"

在书房的父亲听到他们母子俩的谈话，走过来对乔治说："我正好去外地参加一个会议，预祝你成功，儿子！"比赛结束了，乔治的队得了冠军。回家的路上，母亲高兴地说："你的父亲知道了这个消息，一定会放声高歌的。"乔治沉下了脸，说："妈妈，我们现在不提他好不好？"母亲的脸色凝重起来，不得不把隐藏了多年的秘密告诉乔治。原来，乔治父亲的腿是在乔治 4 岁时，父亲为了救他，而被车轮碾伤的。乔治顿时呆住了。而另一个消息更让他吃惊，父亲就是他最喜爱的作家布莱特。

乔治对这一事情难以置信，他跑去问老师，老师点头告诉他，这是事实。父亲不让他知道这些，是怕影响他成长。

两天以后，父亲回来了，乔治问父亲："你就是大名鼎鼎的布莱特吗?"父亲愣了一下，然后就笑了，说："我就是写小说的布莱特。"乔治拿出一本书来，说："那你先给我签个名吧！"父亲看了他片刻，然后拿起笔来，在扉页上写道：赠乔治，爱其实比什么都重要。布莱特。

多年以后，乔治成了一名出色的记者。每当有人让他介绍自己的成功之路，他就会重复父亲的那句话：爱其实比什么都重要。

4 沟通是消除"代沟"的法宝

Q：

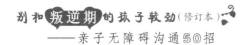

自从我的女儿升入高中以后，她就好像变了一个人，和父母的关系也越来越生疏，昔日和我们有说有笑的场景不见了，取而代之的是我们苦口婆心、孩子充耳不闻的尴尬景象，同时，孩子现在还常常发表一些惊人之语，什么"退学去参加选秀""不上课了，专门写网络小说"……心思完全没放在学习上，老师也反映她的学习成绩有所下降。在饭桌上，我们和孩子之间感觉就没什么可以好好聊的了，我们要她多关注下时政新闻，不要天天看那些乱七八糟的娱乐节目，影响学习，她却嘟哝"你们根本不懂什么叫潮流"，不等我们说完便捂着耳朵跑回自己的房间。看着女儿学习成绩不断下降，我们忧心忡忡，也对孩子控制不住情绪，请问尚老师，究竟如何能让女儿听我们家长和老师的教导，去做学生应该做的事情呢？

A：

两代人因为价值观念、思维方式、行为方式、道德标准等方面的不同而带来的思想观念、行为习惯的差异被心理学家称之为“代沟”。现在，这个概念被扩大化，因为随着物质的巨大丰富、人们文化知识的增长、思维意识的提高，每个人都呈现差异化，人与人之间的想法、观点出现了分歧，很难找到共鸣。所以，不仅是父母与子女这样的两代人，甚至是同龄人之间也存在代沟。

你家庭里面临的问题就是典型的“代沟”问题，有外国谚语说：“孩子相信很多假东西，而成年人则怀疑很多真东西。”这句话生动描写了两代人看待事物的角度。在思想观念上，年轻人思想开放，容易被新事物吸引，创造性强，易变而且多变；成年人则由于饱尝人间冷暖，较为保守，不喜欢冒险和激进，倾向于保持传统。

青少年随着身体上的成熟和心理上的发展，感受到了“自我”的存在，对生活中的一切有了新的认识和评价，这个时候，他们总希望在家庭中受到大人的待遇，希望父母像尊重成人那样尊重自己的意见和生活中的各种想法。但在父母眼里，孩子永远是孩子，永远需要指导和帮助，也正因为如此，孩子一旦长大，父母和孩子的意见就很难统一了，分歧也在所难免。

看起来，代沟似乎是一个不可避免的矛盾，是不同思维模式、行为习惯冲撞下造成的沟壑，难道真的没有办法解决吗？显然不是。

良好的沟通就是解决代沟问题的良药，可以帮助孩子跨越困难、走向美好的未来。父母与孩子的沟通是家庭教育的重点，家长如何才能做到与孩子无障碍的沟通呢？我的观点是：首先，父母要用心、细心、耐心，舍得精力和时间；其二，父母要愿意改变自己、提升自己，学习沟通方法，俗话说“胜人先胜己”；其三，要深入了解孩子内心的真实需求，把握孩子问题背后的本质；其四，要因人、因时、因地制宜。这就是我给出的“3+1”沟通法的精要。

具体到你这个案例上，我认为你在沟通上有两点最主要的问题：

第一，在和孩子沟通的时候，沟通的语气、方式、情绪不对。

在与孩子沟通交谈的时候，我们往往会惯性地使用家长（领导）的语气和方式：批评、教育、命令、挖苦、讽刺，或所谓的“苦口婆心”的“唠叨”，一旦我们认为孩子“态度不好”，就会控制不住自己的着急和焦虑，忍不住要发火，这样的沟通不仅于事无补，还会伤害孩子的感情，并且给下次沟通留下阴影，稍不注意就会产生习惯性的恶性循环。

你的女儿在提出“选秀”、写“网络小说”等理想的时候，作为家长，你们的态度是一面倒的否定，因为这和你们心目中对女儿的预设目标不一致。事实上，如今不少人通过这些方式获得了成功，寻找到了自己的人生价值，虽然概率很小，但没准你的女儿也能成为其中之一呢？很可惜，作为父母，你们没经过任何讨论或者论证，就直接给女儿的梦想画上一个休止符，女儿又怎么可能服气呢？古代便有“三百六十行，行行出状元”的说法，今天更是蕴含着无尽的机遇。作为父母，在孩子提出自己的梦想的时候，不能急匆匆地跑去泼冷水，而是要表现出热情去倾听，去协助孩子作出决定。

第二，缺乏倾听，没有换位思考，搞单纯的一言堂。

我也曾经犯过这样的错误，对孩子的问题看在眼里、急在心里，所谓沟通，其实完全是一言堂，是训话，一口气把问题的严重后果、必须改正、如何改正都说完了，一吐方快，不允许孩子插嘴、反驳、找理由。但这种方式往往是没有效果的，我想你也一定存在这种问题。

与孩子沟通的关键在于倾听，我们需要耐心地倾听孩子的想法，不仅有助于澄清事实、避免误解，更重要的是，只有通过真诚的倾听我们才能了解孩子的心声、掌握孩子问题的本质，让孩子愿意更多与你沟通，才能成为孩子的知心朋友。

家长切忌以长者自居，强硬、压制、一言堂，将自己的观点强加给孩子，有时候也要换位思考。

我还记得几年前，有家长向我抱怨自己的孩子迷上了哈利·波特系列小说，上课也分心走神。我问这位家长："你看过这套小说吗?"家长的回答是否定的，于是我建议她回家好好读一下这套小说，然后再和我讨论孩子的问题。过了一个多星期，家长给我打来了电话："尚老师，我看完了，写得实在是太好了!"后来，这个家长不再反对孩子看哈利·波特，反而会和孩子一起讨论分析，并且告诉孩子，只有努力学习，才能成为罗琳那么出色的小说家。在家长的因势利导下，孩子又回到了良好的学习状态。

总而言之，作为父母，要想和孩子进行良好的沟通，消灭代沟，要拥有以下几"心"：

1. 接纳心：针对孩子提出的问题，经过认真分析和思考，学会放弃自己的定势思维，接纳孩子问题里正确、合理的部分。

2. 融合心：青少年可以从成年人那里学到经验，同样，成年人可以从青少年那里学到新观念，两者可以取长补短。

3. 折中心：对于两代人不同的思想和意见，上代人要学会让步，可以来一个折中方案，兼顾双方的利益，而不能蛮横地一刀切。

4. 并存心：如果孩子拥有自己的想法，且对他的发展并没有害处，也没有原则性问题，就算家长不同意孩子的观点，也可以不干涉，顺其自然。

5. 搁置心：如果有些问题家长和孩子看法不一，但是解决问题的时机不成熟，家长可以暂时将问题搁置，静观发展，等日后有机会再解决。

沟通是心与心之间交流的最佳途径，只有两代人同心协力，代沟才能被填平。对于子女来说，要理解，爸爸妈妈所做的一切出发点都是为了你好，所以不能一味地排斥；同样，孩子是在新时代长大的，就算有观念不同也是正常的，所以父母也需要学会倾听。这种相互理解、相互沟通不仅可以有效解决父母与子女之间的代沟问题，还可以增进相互之间的感情，拉近彼此之间的距离。这样，自然而然就不会再有代沟问题出现了。

尚阳讲故事

一辆公共汽车在街道上缓慢地行驶着。车上的乘客几乎每个人手里都拿着一份报纸挡在面前，像是在浏览消息，又像是为与别人保持一段距离。

在全车的人都陷入昏昏欲睡的气氛时，一个声音突然从司机的位置响起："你们全都把报纸放下。"

乘客们不知发生了什么事，条件反射似的服从了指令。

"转过头去面对坐在你旁边的那个人。"

虽然没有一个人露出笑容，但大家全都这样做了。

"现在跟着我说……"司机用军队教官的语气喊出了命令，"早安，朋友！"

他们的声音很轻，很不自然。对其中很多人来说，这是今天第一次开口说话。

"早安，朋友。"说起来一点也不困难。有些人随着又说了一遍，也有些人握手为礼，许多人都大笑起来，彼此间的界限消除了。

司机没有再说什么，他已经无须多说。没有一个人再拿起报纸。车上充满了欢笑声——一种以前在公共汽车上从未听到过的温情洋溢的声音。

5 莫将“关心”变“唠叨”

Q：

我的孩子刚满 14 岁，上的是寄宿学校，每个星期只有周末才能回家，因此我们和孩子的相处时间相对来说比较少。您也知道，现在这个社会的诱惑太多了，我和他爸爸又没在孩子身边，很担心孩子会受到一些不良的影响，因此我常常会叮嘱和教育他，比如要把心思用在学习上，不要早恋，学习上有不懂的一定要多问老师……但是我一说这些，孩子就会露出很不耐烦的表情，嫌我啰嗦，有几次还直接打断了我的话头。请问老师，孩子出现这种不满情绪后，我该如何对他进行教育呢？

A：

对孩子不停唠叨的父母，其实更多的是为了安抚自己紧张和不放心的情绪，能否真正帮助孩子解决问题，父母并没认真考虑，往往只是图个一时痛快，或养成了一种不良的惯性。

成都一所中学曾做过一次调查：你的父母啰嗦吗？父母唠叨的时候，

你的反应如何？在回收的2000多份问卷调查中，认为父母不啰嗦的学生只有不到5%，高达95%的孩子都觉得父母啰嗦，有的学生还在一旁补加了“超级啰嗦”“一件事情要说好几次”等。由此可见，唠叨啰嗦是多么让孩子头疼啊！

在一个家庭里，谁是最爱啰嗦的人？“妈妈”“爷爷奶奶”分别高居第一、第二位。生活中，家长啰嗦的话题多是学习、考试、生活习惯、早恋、交友等，并且大多数父母对自己的啰嗦毫无知觉。

孩子嫌父母太唠叨是一个很普遍的社会问题，它不仅仅发生在你的家庭里。也许你会觉得很无辜：我这是在关心孩子啊！孩子自控能力弱，保护自己的能力也弱，如果不叮嘱和管教，出了问题可怎么办？自己为孩子操碎了心，可孩子还不领情。

从心理学来说，父母的唠叨是出于一种紧张、不放心，很多时候是说出来让自己安心，不是说给孩子听的。父母通过唠叨，向自己也向孩子证明：我能够对孩子做的都已经做了。

“唠叨”一般分为四种情况：关心式、命令式、习惯式、发泄式。

关心式：家长的出发点是对孩子的关心，但这实质上是不相信孩子，觉得孩子这也做不好、那也不行，总是不放心。

命令式：家长不知道怎样才能有效地教育孩子，只有通过命令式的语气和孩子沟通。这样的管教方式太过简单粗暴，难以从本质上解决问题，只会让孩子越来越反感。

习惯式：一天嘴上不唠叨就不习惯，和孩子相处未想过采用其他好的沟通方式和有趣的话题，也没有意识到唠叨是无效的。唠叨成了关爱孩子的习惯方式。

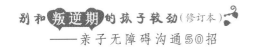

发泄式：自己心里烦或者孩子让自己不满意，就会通过唠叨宣泄自己的情绪。

无论哪种方式，父母对孩子不停地唠叨指责是无益的！

在心理学上有这样一种说法：当一个人受到的刺激过多、过强或作用时间过久，就会引起心理极不耐烦或逆反的心理现象。这种现象便是超限效应。你的孩子之所以会出现不耐烦的神情，就是因为超限效应的缘故。

父母唠叨越多，孩子防御能力越强。当孩子在心理上构筑起唠叨“防火墙”，就算再苦口婆心的“金玉良言”也很难穿透孩子的心灵。唠叨是重复单调的语言刺激，是对孩子精神上的疲劳轰炸，没完没了的重复批评只会使孩子厌烦，挑起孩子的敌意，使气氛紧张，矛盾更加激化。

看了我上面的分析，也许你也意识到了自己太过唠叨的坏处，那么有什么解决办法呢？我有六点建议，相信你按照我这六点建议去思考，一定会找到有效的解决办法。

第一要相信孩子。任何孩子都想变好，都有上进之心。孩子一时表现不好并不可怕，我们要和孩子一起分析问题，共同寻找改进的有效方法。

第二要尊重孩子。有的父母有很强的“控制欲”，总想让孩子按照自己的意愿去做。但孩子是一个独立的个体，有他自己的人生风景，有权利决定怎么做，不可能也不必要事事顺着家长的意愿去做。

第三切记就事论事。如果孩子犯了错误，我们就告诉他错在哪里，如果孩子自己明白了，我们就不用再多费口舌；孩子有什么需要改变的，我们就明确指出问题所在并提出我们的期望，同时尊重孩子改变的过程。就事论事，用尽可能简明的话语来表达。千万不要新账旧账一起算，全翻出来从头开始数落一遍，那样会让孩子越来越没有自信。

第四是要抓大放小。孩子在成长的过程中有许多事情需要大人操心，但有些事情是无关紧要的，随着年龄的增长，会自然改变。因此，家长要把精力放在孩子成长中那些重要的事情上，比如孩子的人生观、价值观、学习习惯、品格修养等。科学的方式是：可说可不说的就不说；同时有好几件事要说的，就拣一件最重要的说，其他的事情等这件事了结后再说；复杂的事情要分步骤说，先从孩子最容易做到的步骤说，完成这一步再说下一步。

第五要学会适时放手。该孩子承担责任的情况，家长要学会放手，不要越俎代庖，孩子做不好就要受到相应的“惩罚”（比如喜欢睡懒觉迟到了被老师批评），孩子会因此纠正自己的行为。人生最终需要独行，每个人都需要自己成长，都需要懂得为自己的行为负责，让孩子学会“吃一堑长一智”，这是对他最好的保护。

第六要学会等待。一些家长有这样一种心理：希望自己的说教能立竿见影，孩子能立刻达到自己的目标。这其实不符合孩子的成长规律和年龄特点。孩子毕竟是孩子，他的心智和能力没有发展到那么成熟，一些事情他可能还没有理解，暂时无法做好，做家长的必须要学会等待，允许孩子犯错，允许孩子有反复。孩子的成长需要一个过程，这个时间不会因家长着急、唠叨而缩短。

尚阳讲故事

美国著名的小说家马克·吐温有这样一个轶事：他有一次去教堂做礼拜，开始听牧师演讲时，觉得牧师讲得非常好，打算捐款；10分钟后，牧师还没讲完，他开始不耐烦了，决定只捐些零钱；又过了10分钟，牧师还没有讲完，他决定不捐了。在牧师终于结束滔滔不绝的发言的时候，过于气愤的马克·吐温不仅分文未捐，还从募捐的盘子里偷了2元钱。

中国古代思想家墨子也有一个很形象的比喻。一天，墨子的弟子问他："老师，人是说话多好还是说话少好呢？"墨子沉吟片刻后说："话不在多少，而在于恰当。田间的青蛙每天都叫个不停，但是人们都不予理睬，而雄鸡每天只是啼鸣两三声，人们就应声而起。"

6 孩子为什么要和我“唱反调”

Q：

我是一位苦恼的父亲，我的孩子刚刚升入了高中一年级。因为他非常聪明，学习成绩很好，所以在学校里无论是老师和同学都很欣赏他。而我和他妈妈文化程度都不高，工作时间又长，所以在学习方面没办法给孩子提供帮助。久而久之，我的孩子变得非常独立，而且总觉得我和他妈妈说的东西不对。比如我们和他讨论问题的时候，他总是不停反驳我们，而且不占上风绝不罢休，“这个没意义”“我觉得不对”是他对我们回应的口头禅。我记得有一次，我喊他周末去给邻居的弟弟补习下功课，结果他好不容易答应了，去邻居家里后却总是黑着脸，搞得非常尴尬，气得我都想揍他一顿。专家，我应该怎么办?

A：

这个问题，我们可以一分为二地来看。一方面的问题是来自孩子，孩子成绩好，但品格修养不足；孩子有些骄傲，自以为是。另一方面的问题可能是来自家长，没有认真了解孩子内心的真实想法，误以为孩子瞧不起自己；家长没有采取有效的沟通解决彼此的障碍，帮助孩子进步！

绝大多数父母，特别是那些缺乏耐心的父母，十分反感孩子顶嘴，在他们眼里，孩子顶嘴、“唱反调”，就是在挑战自己，所以都会对此十分恼火。

从心理学角度上来说，每个人都有得到他人的关心、重视和承认的心理需要，孩子更是如此。这样的情况也许每个家庭都曾经遇到过：孩子在面对家长的批评时，你越说他越来劲。例如叫他不要吵闹，可是你越说他，他就越吵闹。应该指出，孩子的这种行为的确是一种毛病，父母对此应该引起足够重视。有的父母对此采取很简单的方法，动不动就批评、发脾气，有时甚至体罚。这是不会有什么好效果的。最重要的是找出导致孩子这种行为的原因。

孩子之所以会“唱反调”会有以下几种原因：

第一，孩子为了吸引更多的关注从而在某种意义上证明自己。

孩子进入青春期以后，虽然缺乏必备的人生经验，但随着发育，身体素质却变强了，他们感觉自己已经长大了，可以独当一面了。但是成年人包括自己的父母、老师总是对自己的能力不够重视。慢慢地，孩子经过多次试验发现，当他们反抗的时候，当他们和爸爸妈妈唱反调的时候，爸爸妈妈的目光聚在自己身上的时间最长。于是，他很喜欢这种因反抗而被关注的局面。

第二，孩子自我意识的觉醒。

孩子在摆脱依赖、走向独立的过程中，为了保护自己，为了抵抗和排除在他们看来是对抗自己的外在力量，往往会做出一些非理性的举动。而很多父母往往认为自己是一家之主，容不得孩子有一点不同的意见。孩子会觉得父母不应该干涉自己过多，自己有行动权力，并且自己很多时候还比父母高上一筹，于是孩子就会表现出对父母的抗拒和不服管教，处处跟父母唱反调，这是孩子要求独立的表现，我们也将它称之为逆反心理。

第三，孩子受到挫折后的应激反应。

随着孩子年纪的增长，参与活动的机会增多，很容易受到挫折，有些孩子就会产生不良的心理反应，听不进别人的批评或劝导，看不清挫折的实质，反而觉得是被整个社会背叛或者辜负了，开始固执己见，或者即使知道错了也不愿意改正，明知故犯。

于是，孩子就会对家长的教育反其道而行之。大人说什么，就故意不按照大人的话去做，大人叫他往东去，他就向西走，大人叫他往上，他就偏向下。反正大人的意图是要孩子干什么，孩子就偏不干。

解决第一个原因的办法，就是给孩子更多的爱。在一个正常的家庭中，父母都会对孩子给予足够的关心和爱护，让孩子的心理需求得到充分的满足，这样孩子就不会通过捣乱来引起父母的重视了。如果这样，孩子做错了事也愿意接受父母的批评并愿意改正了。

解决第二个原因的办法，其实很简单：作为父母，不能高高在上，而是要把孩子当作朋友，让孩子能够参与家庭事务的讨论，并且耐心倾听孩子的意见。为了让孩子有话可以轻松讲出来，家长不妨在家里营造出轻松的气氛，鼓励孩子讲出自己的真心话，谁对就听谁的，这样可以随时化解孩子的不快。家长不要担心自己的威信受损，因为你越是民主，孩子反而越会信服你，反之，你越是压制，越是强制孩子接受，反而让孩子越发不尊重你。

最后一个原因的解决办法，就需要家长多关注自己孩子的情绪变化，学会和孩子沟通。当孩子遭受成长中的挫折时，家长正面的支持和鼓励，无疑是最大的帮助，可以很快让孩子洗涤掉心里的悲伤和阴影，重新变得快乐起来。

针对这位家长的具体情况来说，除了上面所说的部分因素掺杂其中之外，我认为还有一点，便是你们做父母的心态上出现了问题。你的孩子学习成绩优异，在学校里也获得了老师和同学们的赞许，那为何偏偏在家里就成为一个捣蛋鬼了呢？你有没有想过，你叫孩子去给邻居孩子补习下功课，有没有考虑过孩子也许周末自己早有计划和安排了呢？也许，你平时给孩子的建议还真的可能不对呢？当孩子反对你们的意见时，你们内心深处认为是孩子瞧不起你们，是故意唱反调，所以生气之下，你们会更加要求孩子照办，孩子自然要和你们分辩个对错了。

当然，孩子在这方面也存在问题，例如争强好胜这种青少年最常见的毛病，同时对父母缺乏尊重。所以我觉得，既然你感到苦闷，就应该开诚布公地和孩子好好谈一谈，告诉孩子你们作为家长的直观感受，听听孩子的想法。孩子毕竟是孩子，我相信，你好好和他谈一谈，就事论事，成绩优秀的他应该能懂得家长的难处。

综上所述，要想孩子不唱反调，就得平等对待孩子，和孩子交心、沟通。当然，让孩子自由争辩，享有“言论自由”也应该讲究原则。平和、优质的讨论是建立在讲道理的基础上，如果孩子得寸进尺，养成“天不怕，地不怕”的性格，故意做出有破坏性的行为，父母就必须及时加以制止。如果孩子执意不听，一意孤行，就必须给予必要的惩罚，终止孩子的不良行为。

尚阳讲故事

理发师有一把刮胡刀，它不仅十分漂亮，而且和理发师配合得十分默契。理发师告诉它：“亲爱的刮胡刀！你真是我的好搭档，也许你和我可以合作一辈子！”刮胡刀自己也觉得十分满意。有一段时间，理发师因事外出，理发店里没有顾客光顾，刮胡刀闲得无聊，突然想要出去见见世面，并在众人面前展示一下自己。

刮胡刀刚迈出门槛，太阳光射进来，在它的刀刃上闪出耀眼的光芒。它非常得意，觉得自己实在是了不起。

经历了这些，刮胡刀已经不愿意再回到理发店去为理发师服务了。它觉得自己不能再听这个小小理发师的话了，也许它可以找一个更好的搭档。从此，理发师再也见不到这把刮胡刀的踪影了。

几个月过去，多雨的季节来临了。到处溜达的刮胡刀被雨水浸得锈迹斑斑。刮胡刀知道自己错了，它悔恨地痛哭："我为什么要故意去反对理发师呢？善良的理发师照顾我、保养我，他曾为我的劳动而自豪！可现在，一切都失去了，我的刀锋生出令人厌恶的锈斑了。"

7 孩子离家出走是为什么

Q：

我家孩子 15 岁了。上星期过生日，他自己叫了几个朋友在家里开 party。我下班一回家，就看到家里一团糟，到处都是扔掉的零食袋子，电脑还开着超级大声的音乐。我一时气急，就冲着他大吼了一顿。结果他竟然摔门而去，一晚上都不见踪影！第二天，虽然他被同学妈妈送了回来，却态度冷漠地跟我说："你下次再吼我，我就不回来了！"我不过是一时气急骂了他一顿，他怎么就能离家出走呢？下次他要再离家出走，我该怎么办呢？

A：

近年来，青少年离家出走的事件时有发生。

离家出走对青少年的危害极大，尤其是独自一人在外时，除了生活没有规律、吃饭穿衣都比较紧张外，还会因为远离父母和亲人而感到孤独、情绪压抑，最终形成偏激和愤世嫉俗的心理。此外，很多流浪在外的青少年还会因为社会经验不足、受到不良影响而染上不良习惯，学会偷盗、抽烟、酗酒和说谎等，最终走上犯罪道路。因此，父母一定要重视孩子离家出走的现象。

很多父母像你一样，不理解孩子离家出走的原因：自己只不过是骂了他一顿，这在以前也不是没有过，他怎么就能离家出走呢？其实，这个时期的孩子频繁离家出走，原因是多方面的。

从心理方面来说，初中阶段的学生正处在“心理断乳”期，对父母的依赖正逐渐转化为独立意识。他们想要独立活动的愿望日益强烈，迫切想得到别人的尊重、信任和友谊。此时，如果家长还像从前那样对待他们，动辄打骂，就会使他们产生对立情绪，甚至发展为离家出走。

从教育方式上来说，一些家长总喜欢把孩子看得死死的，严格控制孩子的休息和玩耍时间，除了让他们完成学校的作业，还会不断要求孩子学习其他知识以应对考试。这样一来，孩子就会觉得不自由、被控制，由此产生反抗心理。教育专家认为，对心智健全的孩子来说，选择离家出走是他们反抗严格管理的一种方式。研究表明，13 岁至 18 岁的孩子反抗严格管理的方式通常是：厌学、离家出走、早恋、加入不良团伙。

从家庭方面来看，很多家长都只顾忙自己的事业，无暇顾及孩子，有些家庭夫妻间还老是吵架拌嘴，却从未意识到对孩子心灵的影响。久而久之，孩子内心就形成了对这种家庭环境的反抗，离家出走就是这种反抗的表现。

从孩子本身来看，这个阶段的孩子精力旺盛、求知欲强，但实际的知识水平不高，也缺乏社会经验，很容易受到社会上某些人和事的不良影响，在其引诱下做出离家出走的傻事。

所以家长应该意识到，孩子离家出走其实跟他们这个时期的心理发展有关，也跟家长和社会的一些影响有关。在这些原因的基础上，我们也可以总结出孩子离家出走的几个类型：

第一，逃避学习压力型。

现在的学生压力非常大，这种压力主要来自父母的期望和老师的要求。这也使孩子们产生了严重的厌学心理，久而久之就产生了离家出走逃避一切的想法。

第二，逃避惩罚型。

曾经有一个广西的初二女孩离家出走，原因是晚上没有按时回家，怕爸爸打她。我们总是说，理解比说教更让人感动，宽容比惩罚的教育更有效。但作为一家之主，很多家长却依然喜欢用“惩罚”教育孩子，动不动就拿惩罚来吓唬孩子，久而久之，孩子就会形成畏惧心理，并做出离家出走的行为。

第三，缺少关怀型。

曾经有一对夫妻吵架吵得特别凶，孩子在旁边一个劲儿地哭都没人管。最后，孩子哭着说了句“我再也不要回家了”就冲出了家门。生活中这样的事情并不少见。很多父母因为生活压力会经常吵架，无形中就忽略了孩子的感受，也忽视了对孩子的关照。

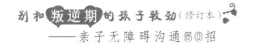

第四，盲目跟从型。

孩子天生好奇心较重，一旦遇上某些“别有居心”的人，或者听到某人对外面世界的描述，就忍不住想去看一看。一些孩子就是因为听信了身边一些“不良人员”的鼓动而离家出走的。

了解到了孩子离家出走的原因和类型，那么怎样预防孩子离家出走呢？家长们不妨按照我下面的方法来实践一下。

第一，做孩子的知心朋友。

这个时期的青少年思维非常活跃，有许多话想向人倾诉。如果家长能放下架子，跟孩子平等相处，彼此像朋友一样推心置腹地交流沟通，孩子就会将你视为知己，无话不谈。这样一来，孩子的烦恼就会在交谈中得到缓解、解决，也就不会离家出走。

第二，帮孩子找有益的同龄朋友。

虽然家长可以做孩子的朋友，但有时候孩子更愿意把烦恼说给同龄人听。因此，家长应该鼓励孩子交一些有益的同龄朋友。

第三，听孩子倾诉。

面对遭受挫折的孩子，如果家长不是打骂就是讽刺挖苦，那么孩子肯定不敢再对家长说心里话了。这样做也会让孩子的自卑心理加重，自信力变弱，内心的忧伤无处诉说，对生活产生悲观情绪，最终通过离家出走来逃避。

第四，细心观察孩子心理。

一般情况下，孩子在出走前总会有一些“蛛丝马迹”。比如，有的孩子突然变得魂不守舍，好像在想什么事儿；有的孩子吞吞吐吐，做事犹豫迟疑；有的孩子一反常态，格外殷勤，大笑大叫……家长一定要留意孩子的这些异常情况，及时阻止孩子的离家出走行为。

如果家长能很好地掌握上面几个方法，应该可以预防孩子离家出走了。另一方面，对待离家出走的孩子，父母也千万不要因一时之气而责骂孩子，那样只会加重他的抗拒心理。相反地，家长应该很自然地欢迎孩子回家，并且平心静气地跟孩子交谈，如果是自己的原因导致孩子离家出走，家长也要勇于跟孩子说“对不起”。这样一来，孩子才会慢慢打开心扉，说出自己的烦恼和困惑，离家出走的情况也才能真正避免。

尚阳讲故事

英国前首相、政坛明星布莱尔先生，在青春期的时候也并不安分，他与很多同龄人一样，想成为一个摇滚巨星。但是布莱尔的父母并不认可他这种狂热激进的想法，经过一番对抗后，布莱尔拎起一只旧皮箱，准备去闯荡伦敦寻找机会。看到儿子离家出走，老布莱尔也开始反思自己以前的强制命令式教育是否正确。外面的世界并没有想象的精彩，与此同时，在伦敦睡了几周的公园长凳后，现实里所吃到的苦头，渐渐让布莱尔冷静下来，他开始思考自己故意和父母“唱反调”的行为是否正确。一番思索后，他拨打了老布莱尔的电话，父子俩终于达成了和解。

8 在孩子关闭的房门前止步

Q：

我是一个15岁女孩的父亲，我的女儿晨晨学习优秀，性格乖巧，我和她妈妈一直以她为傲。然而就在上个月，家里发生了一个小插曲：当我去女儿房间找寻一本书的时候，忽然发现她藏在书架后面的一个日记本，当时我心里也是斗争了一下，然而考虑到女儿现在正是青春期关键的年纪，我还是翻阅了里面的内容，恰好这个时候，女儿走了进来，看见我在看她的日记时脸上立刻变了颜色，当时便和我吵了起来。这个事发生后，家里温馨的场景一去不复返，女儿始终觉得我侵犯了她的隐私，不大理我，我也没想到女儿会有如此大的反应，有些手足无措，我该如何办才好？

A：

偷看孩子日记、检查书包杂物、查看上网记录，这些行为对于中国大多数家长来说，并不陌生。孩子的隐私需要保护吗？一谈起这个问题，我们不少家长就会持反对意见，认为尊重孩子的隐私是个伪命题。

真的是这样吗？非也。其实，拥有秘密对孩子的成长有极其重要的影响，因为对于个人来说，秘密往往与责任紧密相连，并且要独立承担责任，从这个角度来说，没有秘密的孩子是长不大的，而家长野蛮探取孩子的隐私，只会影响孩子的成长和成才。

因为担心女儿，父亲偷偷打开了女儿藏起来的日记本，还不小心被女儿来个“人赃俱获”。对于父亲来说，也许仅仅还只是尴尬，那么，对于信任父亲的女儿来说，自己平时爱戴的父亲正在偷偷摸摸翻看自己的小秘密，这就不仅仅是尴尬的问题了，更是信任的一种坍塌。

这位父亲，我想请你思考这样一个问题：公司里，你的上级偷偷探查你的隐私，你会是什么反应？相信你不可能一笑而过，可能会恼怒吧！事实上，孩子也是独立的个体，当父母悄悄探查他们的隐私时，他们抵触自然也是理所当然了。对于家长来说，我们不可能了解孩子的全部，那么就要给孩子一定的空间。你现在应该找机会和孩子好好聊聊，告诉孩子自己的出发点是好的，但自己的方法确实错了。

如果孩子有秘密又不告诉家长，而家长又已经察觉孩子有所隐瞒，这时家长应该怎么办呢？

我想起了一个朋友给我说的故事。她的孩子在初三那年，被妈妈发现有一本带锁的日记本。紧接着，妈妈又发现孩子的手机也上着密码，并且从不在父母面前使用手机。这位妈妈立刻知道，那里一定有儿子不希望家长看的东西。

这个时候，摆在这位妈妈面前有两条道路：一是费尽心思去找密码，或者去质问孩子；二是让孩子主动和自己交流。一番斗争后，妈妈选择了后者——虽然她很想看看日记里写了些什么、手机里有什么秘密，但她还是抑制住了自己的好奇心，因为她清楚地知道，如果采用简单粗暴的办法，反而会适得其反。所以这个妈妈先是和孩子老师做了一番沟通，发现孩子在学校里并没有一些不良的倾向，在这个前提下，妈妈知道孩子并没有出太多的问题。接着她开始主动和孩子聊学校里、生活的事，会给他一些建设性的意见，而不是横加指责；有些家里事还会让儿子帮忙拿主意，告诉儿子他已经是大孩子了，拥有家庭事务的参与决定权。在一起聊天的过程中，妈妈还会说下自己小时候的趣事和囧事……母子连心，妈妈和孩子本身就是最亲密的，在这位妈妈的努力下，亲子关系获得了巨大的改善，孩子也开始和妈妈袒露心扉。半个月后的一天，当妈妈进孩子书房的时候，孩子正在写日记，看到妈妈进来并没有马上收起来，而是坦然地继续书写。看到这一幕，这位妈妈心里那颗悬着的心也终于放下了，因为她知道，无论是孩子在手机或者日记本里记载什么，都已经不重要了。

作为父母，不是说不能关注孩子的秘密，关键是看我们用什么样的方式关注。我们以爱的名义简单粗暴地偷看、逼问，只能激化矛盾。做父母的要冷静理智、平等友好地同孩子对话，有时不妨把自己的身段放低，将心比心地从孩子的立场考虑一下他的感受。

内心的秘密是每个正常人都会有的宝藏，从这个意义上讲，尊重孩子的“隐私”，就是尊重孩子的人格。孩子把秘密藏在心底，既可能是这个秘密和孩子的自尊有莫大的关系，他们不愿被其他人发现；也有可能他们想依靠自己的力量去处理，不想依靠外界的帮助。随着年龄的增长和独立人格的形成，孩子的“保密心”越来越强，如写日记和书信、与同学交往和谈话内容，都不愿主动地向父母透露。这个时候，家长强行介入，只会起到反效果，倒不如收起好奇心，静静守护在孩子身边，做他们的保护神，等待他们自己开口的那一刻。这时的父母，可以经常主动地找孩子交谈，达到与孩子情感上的沟通，营造家庭中平等、民主、理解、宽松的行为模式，使孩子感到自己和父母之间不仅仅是血缘上的亲子关系，更是生活中可以信赖的朋友。这样一来，孩子也会愿意把自己心中的秘密告诉父母了。

孩子心中五花八门的“秘密”，犹如童话里的自由王国，是一方“非请莫入”的净土。当孩子向你吐露秘密，并希望得到帮助时，家长一定要守护好这份信任，在孩子的立场上给予他支持和理解，因为这是影响他身心健康成长的关键。有的家长嘲笑或者不屑一顾地对待孩子这一份坦诚，甚至把孩子的秘密当作谈资的笑料宣扬出去，这样不仅会毁掉你和孩子深厚的感情，还会给孩子带来难以言喻的伤害。父母要了解孩子对“受人尊重”的需要，保护孩子的自尊心，尊重孩子的隐私和秘密。

尚阳讲故事

影响了一代年轻人的华语乐坛歌手周杰伦，对自己母亲叶惠美的爱可谓是众人皆知，他不仅发行过以自己母亲名字命名的专辑《叶惠美》，还写过《听妈妈的话》这样脍炙人口的歌曲。

在杰伦幼年时，他就对音乐充满了兴趣，但一开始，他只是把这个当作自己的小秘密，偷偷演练。毕竟作为学生，学业才是最重要的。一心不能二用，杰伦的学习成绩开始下滑，老师给叶惠美打电话说他儿子不务正业。

探知到孩子的音乐之梦的时候，叶惠美并没有直接质问自己的孩子，也没有强迫孩子放弃这个爱好，她顶着丈夫不理解的压力，反而给杰伦买了一架钢琴。周杰伦回家看到钢琴高兴坏了！他明白妈妈是支持自己的，于是对妈妈坦陈了自己的梦想，叶惠美表示，就算付出所有，也会支持孩子的梦想。

再后来的故事，就世人皆知了，在妈妈默默的支持下，周杰伦终于在华人音乐界闯出了一番天地。他将所有的收入都交给妈妈掌管，尽管自己有了公寓，每个周末依然回家，同妈妈、外婆一起享受天伦之乐。

9 批评的艺术

Q：

我在一家事业单位从事管理工作，因工作性质的原因培养了我办事风风火火、雷厉风行的性格。所以我在对孩子进行教育时，也比较直接和简单。孩子小的时候还好，现在长大以后，就不大服从我的管教了。当我发现孩子近来成绩下降时，我严厉地批评了他，但是感觉收效甚微，孩子似乎对我的批评都已经“免疫了”，依旧没什么改观。我究竟应该怎么办呢？

A：

批评在心理学上讲是一种负强化法，家长在批评孩子时如果不讲究方式方法，结果只能是“家长出了气、孩子不服气”，起不到应有的教育效果。现在绝大多数的家长批评孩子的方式都会唠叨、生硬、严厉，结果越批孩子越皮，反弹力越大，越对着来、顶着干。最后搞得父母筋疲力尽，但收效甚微，甚至适得其反。

其实每个家长都是从孩提时代走过来的，对粗暴的教育批评方法都会有一些反感，但当自己教育孩子的时候，却常常一着急，不仅批评不讲究方法，甚至还会采用武力来解决问题。要知道，教育的出发点是尊重，暴力解决不了任何问题。如果还是按照几十年前老一套的模式动辄就搬出一副“家长威严”来震慑孩子，你可别怪他们不买账。

作为家长，首先要充分尊重你的孩子，要不断地提醒自己，孩子的尊严也不可侵犯。现在很多家长，一和孩子着急就先把孩子劈头盖脸骂一顿，比如“你怎么这么笨啊”“你看看××，人家怎么就会做呢？”这种负面情绪发泄给孩子，长期下来，就会让孩子严重不自信。

所以，批评未必要义正词严，未必要话中带刺，更不能以泄愤为目的讽刺挖苦、翻旧账、算总账。批评的目的是使孩子丢弃坏毛病、养成好习惯。家长尽可以采取灵活的方式。

就拿你的问题来说，你也知道自己因为工作的原因，所以批评孩子比较简单粗暴，你也知道对孩子要心平气和、不打不骂，可脾气一上来就是控制不住自己，不自觉地就对孩子吵吵嚷嚷大声呵斥，逼着他去做这做那。这就是你没办法控制自己的情绪。想把情绪控制住了，你要先得明白一个道理：父母不是管理孩子，而是要关怀孩子。管理加上爱护，才是真正的关怀。孩子不是你的个人财产，孩子是属于这个社会的，家长没有权力随便去打骂孩子。

俗话说，不战而屈人之兵，为上上策。对孩子进行批评，也要讲究策略，让孩子意识到自己的错误是批评的最终目的。这里，我给大家介绍几种较有效的批评方法：

以柔克刚的教育方式

有个智力超群的男孩，在学校里喜欢给老师捣乱，不爱写作业，老师怎么说都不听。但是这个男孩有个爱好，就是特别喜欢吃肯德基。于是妈妈跟他说："你不写作业，妈妈就担心你基础打得不牢固，今后就会考不上好的大学。如果你写完作业能得到一个优，妈妈就带你出去吃肯德基。"这个小男孩一听可以出去吃好吃的，立刻来了兴趣，开始认真写起作业来。

分析：孩子天性都是顽皮的，但都有着自己独特的爱好和兴趣，就看家长会不会调动。顽皮孩子被家长和老师批评了不知多少次，被批评麻木了，所以才会我行我素。这个时候，回避直截了当的批评，调动起孩子的积极性，就可以很容易达到目的。

以情动人的教育方式

有个小姑娘性格非常叛逆，和父母关系非常不好。妈妈什么方法都试过了，却无法扭转孩子的心。有一天，妈妈无意中翻出自己当年的育儿日记，那里面记录着女儿成长的一点一滴。于是她拿出来给女儿念，从她出生时的喜悦，到她得病时妈妈的恐惧，以及对孩子的美好期望，全都包含在这几本日记里。刚开始女儿还似听非听，非常不耐烦，后来渐渐入了神，渐渐眼里有了泪。终于，她忍不住扑到妈妈怀里，哭着向妈妈道歉。

分析：爱可以感化一切。孩子虽然叛逆，却不是草木，其实对父母有很深的爱。她之所以表现如此，是因为她觉得爸爸妈妈不爱她了，所以没必要听他们的话。当她明白了父母对她的爱有多深，她就会用百倍的爱来回报父母。

以沉默代替喧哗的教育方式

一个男孩生活在一个单亲家庭，从小就是母亲抚养他。他天性顽皮，常常惹祸。每次他闯祸以后，母亲都会大喊大叫，甚至抡起藤条抽打他，却收效甚微。有次他考试作弊，被学校老师抓个正着。母亲后来赶到了学校，恳求学校再给他一次机会。回家后，男孩料想等待自己的又会是一场狂风暴雨，谁知道妈妈什么也没说，只是让他回自己房里去。当他无意中到厨房拿水，发现母亲独自一人，呆呆地坐在厨房的椅子上，满脸的泪水。这一刻，他如遭雷击。虽然妈妈这次没有任何语言的指责，却让他一下子想起妈妈日常的操劳，抚育他的不易。从此以后，他痛下决心，改过自新。

分析：假如孩子每天处在打骂和训斥之中，就会变得麻木不仁，而且还会产生这样一种想法：反正我都这样了，那就坏下去吧。父母的训斥、打骂反倒筑起一堵高墙，阻断了亲子间的情感交流，没能让孩子站在父母的立场上想问题，却增加了漠视和仇恨：反正你们不爱我，所以也不需要你们来管教我，爱咋地咋地吧。

而与之相反，如果关键时刻用沉默代替语言，实际上是对犯错的孩子进行无言的谴责。在这个沉默的空间里，孩子卸去了被迫自卫的武装，有了很大的自我感受和思考的空间，并且能够扪心自问，开始回想自己的所作所为，从而对父母的痛心和难过产生深切体会。一旦他能站在父母的立场思考问题，许多冲突就可以迎刃而解。

孩子本来是上天给我们的礼物，家长对孩子应该时刻抱有一种感恩惜福的心，正是因为他们的到来，家长才学会了更多的爱。孩子犯错了，家长要稳定自己的情绪，让自己的心量变大、眼界变宽。教育孩子的时候，多想想孩子犯错也没什么了不得，他也不是故意犯错的，年轻人不犯错他能长大吗？把心量放宽，才能用更有效的方法教育指正孩子，让孩子成为一个品格健全、快乐生活的人。

尚阳讲故事

当年陶行知先生任育才学校的校长。一天，他看到一名男生打同学，于是将其制止，并让他放学后到校长室。陶先生回到办公室，见男生已在等候。陶先生掏出一块糖递给他说：“这是奖励你的，因为你比我先到了。”接着又摸出一块糖给他，“这也是奖励你的，我不让你打同学，你立即住手，说明很尊重我。”男生将信将疑地接过糖果。陶先生又说：“据了解，你打同学是因为他欺负女生，说明你有正义感。”陶先生遂掏出第三块糖给他。这时男生哭了，说：“校长，我错了，同学再不对，我也不能采取这种方式。”陶先生又拿出第四块糖说：“你已认错，再奖你一块，我们的谈话也该结束了。”

10 父母经验可以分享，不能强行灌输

Q：

孩子上初中之后，班上好多同学都报了数学辅导班，我也想让他报。可他就是不同意，非要报什么作文辅导班，还说他很喜欢写作文，想将来当个什么作家。我一听就急了，觉得这孩子太不了解现代社会了，当作家哪有那么容易啊，好好学好数学才是正事儿。于是我强行给他报了数学辅导班。没想到，他的数学成绩本来还不错，报了辅导班以后，竟然越来越差了，而且他整天一副无精打采的样子，动不动就说我不尊重他的选择，我真是没办法了。我只是按照我的经验给孩子选择对他更好的，难道这样也不对吗？

A：

俗话说："不听老人言，吃亏在眼前。"作为家长，确实比孩子有着更多的人生阅历和积累，在很多事情上都有比孩子更多的发言权和感受。也正因为如此，我们很多家长多数时候都以"经验之谈"来指导孩子行为：

这些事情不能做，因为我们有经验；那些事情不能做，因为我们有经验；选这个好，因为我们有经验……很多孩子想尝试的事情和想法，都在家长这一句句“我有经验”的话语中被扼杀了。可是，这样向孩子灌输父母的经验，真的对孩子的成长有利吗？

在西方，父母在孩子很小的时候就开始去培养他们的探索精神和冒险精神，他们甚至会想尽办法锻炼孩子的勇气和胆识。比如在观看马戏时，他们加上这样一个环节，即在牛身上挂满玩具，然后对孩子说：“谁愿意要那些玩具，都可以上台从公牛身上取。”很多孩子都会踊跃上台，通过和牛斗勇斗智，然后取得玩具。在一旁观看的父母不会因为自己知道那件事情危险而阻止孩子去那样做，相反他们会鼓励孩子去努力，并在观看孩子机灵的表现时给孩子送去掌声，给孩子加油。

可是，在中国，父母在教育孩子时，却总是拿自己的经验来说事儿，生怕孩子因为经验不足而吃亏，或者因此受到伤害：孩子想独自一人举办一个聚会，家长总会说：“聚会要掌握很多细节，你经验不足，我来帮你”；孩子想尝试一下蹦极的感觉，家长马上阻止：“不行，我试过那个，很恐怖，你不能去做”；孩子想按照自己的喜好去做事，家长马上加入自己的经验之谈：“这件事你得听我的，你没有经验。”诸如此类的“经验之谈”，看似暂时保护了孩子，是为孩子着想，实则严重影响和触犯了孩子自我判断、由实践得出真知的权利。从长远来看，这种阻止孩子尝试、冒险的做法，对孩子的危害更大。

我这么说，并不是在鼓励父母为了锻炼孩子，而让孩子平白无故去冒险。只是，孩子在成长的过程中，总是对这个世界充满了好奇心，他会想亲自去看个究竟，甚至亲自去求证自己的一些猜想。这个时候，父母应该对孩子表现出来的这种探索和冒险精神进行鼓励和支持，而不是老用“我有经验，这个不行”来否定孩子。完全遵从父母经验成长的孩子，无疑只能是个亦步亦趋的模仿者。

而且，那些一直处于父母“经验”保护下的孩子，也很难适应现代社会异常激烈的竞争。现代社会需要的人才，是创新型的人才，是探索型的人才。而那些总是遵照父母经验做事的孩子，长大以后很难再保持一种积极探索的精神。

当然，我这么说也并非完全否定家长经验的作用。事实上，家长是孩子人生路上最重要的指路人，家长的经验对孩子的成长至关重要。很多时候，孩子不知道如何处理同学间的人际关系，不知道如何跟其他人相处，不晓得怎样组织一场野餐活动，而这些，都需要家长来指导。但指导的原则是与孩子分享自己的经验，而不是强行灌输。你可以跟孩子说：“这是我的经验，你可以参考一下，但如何做，还是要你自己决定。”只有这样，孩子才能综合你的经验和自己的感觉，做出他自己的判断，得到他自己的经验。

我们都不怀疑一点，那就是“父母之爱子女，必为之计深远”，意思是说，那些真正爱自己子女的父母，一定会为他们的孩子做长远的打算。所以，父母不妨去鼓励和支持孩子去探索，让孩子成为未来的探路者而并非模仿者，这才是真正的爱孩子，为孩子的未来负责。

要培养孩子成为一个探路者，一个勇于实践、开拓进取的人，最主要的就是解放自己的思想，懂得“温室里的花朵特别容易凋谢”的道理。每一个父母都不想自己孩子柔弱而无法担当，每一个父母都想让自己的孩子成为硬汉子或铿锵玫瑰，那就决不能因噎废食，一定要转变自己的思想，让孩子迎接每一个挑战、尝试每一个新想法。

尚阳讲故事

一个曾在美国留学并执教多年的教育专家，在他的调查报告中写道：

刚到美国不久，我就发现这里的父母对孩子的爱比起中国的父母要淡漠很多，有时候，我甚至怀疑美国的父母真的爱他们的孩子吗？不然为什么他们对于自己的孩子总是表现出“满不在乎”的样子。

在美国的不少家庭中，你都会发现这样的情形：当孩子在房子后面的苹果树上爬来爬去，父母也只是忙着他们自己的事情，从来都不会制止；当孩子拖着重重的铁锹，艰难地向前迈着步子时，父母也只是远远地观望着孩子，从来都不会主动伸手去帮助一下；甚至当孩子拿着梯子，想爬上房屋去看看时，父母都没有多大的反应。

我想起了在中国，当孩子要去爬苹果树时，他的妈妈很可能会因为害怕孩子从树上掉下来而去阻止他；当孩子拖着重重的铁锹时，父母也一定不会袖手旁观，而是急忙去帮助孩子拿起铁锹；至于孩子想爬上屋顶去看看，那更是不可想象的事情。“万一摔一下，那怎么办？”中国的父母一定会这样问的。可是美国的父母怎么就不会这样想呢？

难道美国的父母真的不爱他们的孩子吗？我不相信天下有不爱自己孩子的父母，于是我决定去问问住在我隔壁的泰瑞的爸爸。

“哦，你怎么会这么想呢？我们当然爱我们的孩子，所以才让他们去自由地探索和冒险，要知道只有那些勇于探索和冒险的孩子，才可能成为未来社会的探路者。”泰瑞的爸爸笑着说。

11 如何帮助孩子与老师沟通

Q：

我的儿子今年上初三，因为学习成绩在班上只是中游水平，性格又内向，不善言辞，所以在学校里不大受到老师的关注。但是现在孩子马上就要参加中考了，按照他现在的成绩，很难考上好的高中，所以我很着急，就去学校找老师，希望老师能给孩子多一些指导和帮助，但是老师为难地告诉我，很难和孩子好好沟通，因为孩子似乎有抵触情绪。我回家问了孩子，发现孩子对老师有意见，觉得老师只喜欢学习成绩好的和有家庭背景的学生，对自己这种普通学生缺乏关注。我尝试说服孩子，但发现自己也没办法自圆其说，解释是如此苍白无力。请问老师，我究竟该怎么办？

A：

中国是一个教育大国，自古便有着尊师重教的传统，就连古代掌握生杀予夺大权的帝王也有帝师来教导，所以，“师道威严”。

在过去，小孩子们因惧怕私塾先生手中的戒尺，见了老师常常噤若寒蝉，大气都不敢出。时光荏苒，在21世纪的今天，还有一些孩子一提起老师，心中就会涌起莫名情绪，怕被老师罚站、罚抄、请家长……仿佛孩子无忧无虑的心灵天空中有一朵阴云，有些孩子因此厌恶学校生活、不愿参与学校活动，更别说与老师亲切热忱地进行交流……我们不禁要问：这样的师生关系正常吗？如果不正常，师生之间又如何能够真正建立以爱为基础的亲密关系呢？

你家孩子的情况，我觉得存在三个问题：第一，作为家长，你属于临时抱佛脚型，直到中考临近，才开始关心孩子的学习，才想到去和老师沟通；第二，冰冻三尺非一日之寒，你孩子内向性格的形成，也是一个长期的过程，作为家长有着极大的责任；第三，孩子自己认为没感受到老师的关注和重视，所以内心反感和抵制老师，但家长不能支持甚至同意孩子的这种感受，而是要想办法缓和孩子心中的这种敌对情绪，因为孩子是最不会隐藏情绪的群体，如果让孩子的这种情绪滋长，只会引发孩子和老师的对立，让事情向着不受控制的方向发展。

而在这三个问题中，孩子不喜欢老师这个问题是你目前能想办法解决的，要解决这个问题，必须分析清楚具体的原因是什么，找准问题所在。一般来说，孩子不喜欢老师可能有几方面的原因：

首先，最常见的原因是，孩子和老师在交流中发生了问题。针对现在的适龄儿童庞大的基数来说，学校的教学资源是有限的。课堂上学生人数都比较多，并不是每个孩子都有表现自己的机会。时间长了，性格活泼的孩子能够得到老师的关注，有机会担任班上一些职务，从而更加受到老师重视，而有些孩子会因为性格原因很少受到老师的关注，认为老师偏心、不重视自己。

其次，学校就如同一个小社会一样，老师就像领导，很难做到事事公平，在处理学生之间的问题时，有时一碗水难以端平，会无意中冤枉了孩子，伤了孩子的自尊。举个例子，孩子的同桌非要找孩子说话，扰乱了课堂纪律，结果老师判断失误，严厉批评甚至惩罚了没有讲话的孩子，孩子感到受委屈了，觉得老师赏罚不公，所以产生对老师的不满情绪，并和老师的感情逐渐疏远。

此外，每个孩子都有着不同的天赋，面对自己擅长的、感兴趣的学科自然能学得好，而天生不感兴趣或者老师授课水平一般的课程，成绩就会一般，就算没受到老师的批评、责备，但孩子自认为老师不会重视自己，对老师也缺乏感情。

再说，老师毕竟也是一个普通人，也有自己的七情六欲，不同的老师各有各的特点，在授课方法、对学生的态度等各方面都有所区别，这也会导致孩子和老师的亲疏。

综上所述，孩子和老师关系的不融洽有着很多原因，并且这种现象很容易发生。“亲其师，信其道”这句话从古代流传至今，深入国人的心灵，为了孩子的成长，家长有责任和义务去当这个润滑剂，让孩子和老师保持良好的关系，家长们不妨试试以下几种方法：

首先家长自己要以身作则，要尊师重教。家长的一言一行是孩子的榜样，假设家长自己都不尊重老师，孩子看在眼里，又怎么会尊重老师呢？所以家长要对老师持以尊敬的态度，并告诉孩子，只有有了尊敬的态度，才能建立良好的师生感情。同时，家长要告诉孩子，老师是人不是神，和我们一样难免有缺点、犯错误。老师每天要面对那么多的同学、问题，可能会处理不当，也可能会误解了某个同学，或者是语气措辞不当伤了学生的自尊，如果你心里感到委屈，可以及时和老师交流，说出你的想法，但前提是你首先要尊重老师。

其次家长不能作壁上观，而是要主动参与师生关系建设之中去，注意与孩子的老师多沟通。孩子不喜欢哪位老师，家长要主动与这位老师沟通，以尊敬、虚心的态度，倾听老师的话，了解孩子在学校里的表现，设法取得老师的帮助和支持。让老师适当给予孩子一些“偏爱”，比如批改作业详细一些，主动找孩子谈谈心，课堂提问多一些，多给孩子一些表扬、鼓励等等。老师的这些做法，让孩子感觉自己非常受老师重视，比家长讲的大道理管用多了，孩子很快就能改变对老师的看法。

其三，面对有些确实存在问题的老师，家长首先要保持客观公正的态度，要多挖掘老师的优点，而不是和孩子一道敌视和埋怨老师。尽可能多地了解老师的长处、闪光点，然后“不经意”地把老师的这些长处、闪光点告诉孩子，在孩子面前多夸奖老师，引导孩子认识老师的优点和长处，让孩子对自己的老师恢复好感。同时针对老师存在的严重问题，要善于与老师沟通、交换意见，必要时向学校领导反映，协助孩子采取有效的方法规避。特别需要注意的是，家长和老师之间的沟通，要有“润物细无声”的效果，如果孩子知道是父母找了老师、老师才对自己重视的，孩子就会对老师的印象大打折扣。人的感情往往是相互的，如果老师对孩子的态度转变了，孩子自然也就改变了；如果孩子对老师的态度转变了，老师自然也有所改变。亲密友爱的师生关系自然有助于孩子健康的成长。

范阿姨是一个小学老师，在小学班主任这个位置上，她已经工作20年了，可谓是经验丰富，在给新教师做经验交流时，她讲了自己的一个故事：

18年前，我和所有年轻人一样，浮躁而且不用心，在接手新班级的第一天，我就对班上的五年级学生说了一句谎话。就像大多数老师一样，我对学生们说，我会一视同仁地爱班上的每一个学生。“但这是不可能的”，我在心底如此说。

最让我头疼的便是坐在最后一排的捣蛋分子王云飞，他的衣服总是一副脏兮兮的样子，成绩也很差，而且情绪容易失控，很难沟通。所以，我不到万不得已都懒得搭理这个学生。

直到有一天，一个自称是云飞姑姑、面容憔悴的妇女找到了我，告诉了一个让我震惊的消息——原来一年前这个孩子的母亲有了第三者，抛弃了家庭远走高飞，孩子的父亲承受不了这个打击，整日酗酒睡觉，工作也没了，此后，王云飞才变成了这个样子。孩子姑姑恳求我，一定要教育好云飞，不然这个家就真的彻底毁了。这是我第一次意识到我的责任所在。

我为自己感到羞愧，当我收到学生们的教师节礼物时，在系着美丽缎带的色彩鲜艳的礼物中，只有云飞的礼物是用挂历本的纸包的。当我打开云飞的礼物时，我发现，里面是一瓶只剩四分之一的香水。一些学生发出嘲笑声，但我却赞叹说：好香的香水！并立即在手腕上洒了一些香水，同学们的笑声停止了。那天云飞放学后留了下来，他对我说："范老师，今天你闻起来就像我妈妈一样。"

范老师看着全场的老师，最后说道："从那天开始，我不再只是教书，而是开始真正教育孩子，我要感谢这个孩子的姑姑，她让我意识到了我身上的责任。"

品格篇

给孩子一颗强大的心

开篇小语

父母是原件，孩子是复印件

美国演讲家马文·马歇尔说过这样一句话："当我们细心种下的花朵没有如我们想象的那样生长时，我们不会去责怪花，而是会去寻找为什么没有长好的原因。可是，当我们的孩子出现问题时，我们却总是责怪他们，而且夹杂着不满和唠叨。"

现在的青少年大多是独生子女，家长们把所有期望和希冀寄托在了他们身上，希望孩子们能实现自己未能达成的梦想。所以，当孩子前进的方向和家长的预期背道而驰时，家长们开始懊恼、开始埋怨，觉得孩子辜负了自己的期望。但家长却很少思考，为什么孩子会染上不好的习气，以及种种的缺点。

有一种说法，说父母是原件，孩子是复印件，有什么样的原件，就会有什么样的复印件。这个形象的比喻，其实说明一个最简单的道理：在孩子身上可以折射出父母为人处世的哲学和做人的准则。

有教育学家如此说：

如果孩子喜欢斥责别人，是因为平时我们对他批评过多。

如果孩子不够善良，是因为我们缺乏同情心。

如果孩子胆小、羞怯，是因为他经常被嘲弄、辱骂。

如果孩子不辨是非，是因为我们专制，没有给孩子自主和思考的机会。

如果孩子缺乏耐心，是因为我们对孩子总是抱怨，不能耐心鼓励。

如果孩子不喜欢自己，是因为我们对他缺少接纳、认可和尊重。

如果孩子很自私，是因为我们对他太溺爱，要什么给什么。

如果孩子不懂父母的苦心，是因为我们没有教会他理解别人。

如果孩子退缩、逃避，是因为遭到了我们的轻视和打击。

如果孩子好逸恶劳，是因为我们替孩子做的事和决定太多。

……

不知大家是否还记得有这样一则公益广告：第一个镜头，是一位年轻的妈妈给年迈的婆婆端来洗脚水，为婆婆洗脚。跳过镜头，则是一个可爱的小男孩，端着一盆水，很费力却很开心地朝自己年轻的妈妈走去。然后是从幕后传来的画外音：中华美德，代代相传。广告中的妈妈用自己的实际行动告诉孩子：该怎样对待父母，该如何尊敬老人。孩子也就立即从妈妈的行动中，学到了孝敬父母的良好品德。“好雨知时节，当春乃发生。随风潜入夜，润物细无声”，家庭教育的好坏，就如这春雨一般，都是“润物细无声”的。尽管我们不一定做得尽善尽美，但我们应努力在一点一滴的小事上给孩子以有益的影响。

生活并不是充满着童话，作为成熟的成年人，在社会游戏的浸染中，你已经忘记了生命原本应当具备的那些美好品质，但请不要忘记，你的孩子正默默关注着你的一言一行。“玉不琢磨，是废玉，田不耕锄，是荒田”，家长的一言一行都是在对孩子“琢磨”“耕锄”，如果家长不仅没能成为道德榜样，反而有着“自私自利”“背信弃义”“贪污受贿”等斑斑劣迹，那一定是孩子之不幸、家庭之不幸、社会之不幸也！

12 孩子成长需要有成功的体验

Q:

尚老师好，我是一位初三男生的母亲，昨晚我又失眠了。前天，老师把我叫到学校谈话，说离中考只有两个月了，孩子在学校的状态不太好，上课总打瞌睡，学习没有积极性！我想更重要的是他对任何事物都不感兴趣、提不起精神，整天唯唯诺诺，无所事事，没有特长、没有激情，缺乏斗志和自信。

我们家庭很和睦，爷爷、奶奶知书达理，孩子父亲也是文化人，脾气很好，可以说我们是一个充满爱的家庭。孩子从小就拥有我们给予的无限关爱，他听话、懂事，规规矩矩，学习成绩也比较好，人也长得漂亮，大家都喜欢他。怎么一到了初三，所有的问题都一下子暴露出来了。

我现在忧心忡忡，该怎么办呢?

A:

你知道为什么“好父母不等于好家长”吗?

从信中可以看出你是位好母亲，因为你们给孩子提供了一个温馨的家，在学习、生活上给予孩子无微不至的关怀和照顾。但是，在家庭教育上你们只看到表面的规矩、听话，却没有真正尽到家长（导师）的责任，所以，你还不是一位真正的好家长。

你知道孩子的问题出在哪里吗？

喜欢、快乐和喜悦；恐惧、痛苦和悲伤；这是人类行为的两大原动力。

成功的快乐能带给人们内心真正喜悦和幸福的感受，对于孩子的成长尤为重要。

人，每经历一次痛苦，就会成长一次；每体验一次成功，就会得到一次真正的快乐和成长。你的孩子在你们营造的温室中长大，他的内心既没有真正的喜悦，也没有强烈的痛苦，那么，他的激情、斗志、自信、动力，又从何而来呢？

什么是孩子的成长？

我们还需要弄明白，孩子的成长，不仅是身体长高了、知识增长了，还包括德、智、体的全面发展，才是成长，更重要的是心智的成熟。

所以说，孩子的成长是需要有成功体验的！

当我们了解了“成功体验”的重要性之后，我们还需要搞明白“成功体验”是由哪些要素组成的。我认为：成功的界定、关注与赞许、创造机会、抗挫折能力、自信与能力、兴趣的培养是成功体验的重要关联要素。

那么，好家长如何才能做好“成功体验”的教育和引导，帮助孩子健康成长呢？

第一，我们要正确认识什么叫“成功”？

不同年龄段的人，对成功的理解与感受是不同的。

成年人的成功往往是指：事业、财富、爱情和家庭，而且因人而异，对成功的标准和价值取向的偏重也是不同的。

对于成长中的孩子而言则大有不同：

学走路的孩子，摔倒在地能自己爬起来，就是很大的成功；

学讲话的孩子，能发出“妈”的声音，就是很大的成功；

上幼儿园的孩子，学会了穿衣服、扣扣子，就是很大的成功；

上小学的孩子，能自觉起床，专心做作业，就是很大的成功……

我的大儿子，两岁的时候，有一天他坐在椅子上乱扔东西，把一切能拿到手的东西都往地上扔，孩子他妈就忙着捡回去，他乐得哈哈大笑，更使劲地不断往上扔、往下扔、往前扔、往后扔，不少东西都被扔坏了，我严肃地批评孩子，小家伙还不服气。后来我明白了，在我们大人眼里这是不良的行为，而对孩子而言，这是他对自己扔东西的距离、目标、力量的一种成功体验。许多父母往往在不经意间严重伤害了孩子的自尊心或扼杀了孩子的某种能力。

我的二儿子，两岁的时候，也开始乱扔东西，这时的我完全换了一种态度，有意识地选择一些不易破碎的物体鼓励他扔，陪他玩。

结果令人震惊：20 年后，大儿子笨手笨脚；小儿子身体灵活，运动能力很强。

所以，对成功的界定很重要，我们不能以成人的眼光和标准来衡量孩子的成功，否则将会铸成大错！

第二，对孩子的成功要给予高度关注和及时赞许。

如果我们认真观察，不难发现，每一次在我们看来是微不足道的小事，却能看到孩子眼睛里闪烁着无比激动的成功喜悦、脸庞上露出灿烂而幸福的欢笑。

时间如流水。“成功”就像山溪的清泉，只有遇见岩石才会激荡出浪花，只有暂时的停顿才能形成碧潭，对于孩子的成功，只有及时给予肯定和赞许才能放大、锁定他对成功的心理体验，否则这种感受就会在时间的流淌中消失。

第三，创造让孩子体验成功的机会。

现在，许多孩子（你的孩子也是这样）的心理世界之所以由荒原成为沙漠，就是因为他们很少有过“我能行”的体验。许多父母以“爱”的理由，使孩子们失去了很多体验的经历和机会。

因为怕孩子弄脏衣服或跌倒受伤，不让他们参加户外活动和劳动；

因为怕孩子弄脏房间或影响学习，不让他们做洗碗、拖地等家务活；

因为怕孩子不安全或有意外风险，不让他们独自外出办事和旅行；

因为怕孩子分心或上当学坏，不让他们与朋友、外人交往……

有些父母，为了从小培养孩子的“淑女”“绅士”气质，从而拒绝孩子参与学校和家庭正常学习、生活之外的一切“无益”活动。

对于一个未成年的孩子来说，机会比成败更重要！因为，你不跑起来，怎么知道走是多么缓慢；你不飞起来，又怎么体会到爬行是多么辛苦啊！

第四，要培养孩子的抗挫折能力和顽强意志。

成功的体验和失败的体验同样重要。失败是成功之母，成功往往躲在失败的拐角背后。之所以成功能给人带来巨大的快乐和喜悦，正是因为成功来之不易。要让孩子明白这个道理。

我的老二，小学一年级时参加了足球培训班，刚开始他还很开心，但随着训练难度的加大，有许多科目很吃苦，经常摔跤疼得哭鼻子，我鼓励他："坚持就是胜利！"一年后他训练回来总是很开心，我问他："为什么开心？"他说："因为我坚持下来了！"两年后，他进了校队，成了主力，同学们都称他是"中国的马拉多纳"，后来还进了浙江省绿城少年队。

因为他抗过了挫折，因为他有成功的体验，所以他的心理比较成熟，成长也比同龄的孩子快！

第五，自信与能力。

自信与能力是一对孪生兄弟，因为能力强，所以自信心强；因为自信，所以增加了能力；他们都是"成功体验"的孩子，因为有了"成功的体验"，才会产生出自信和能力！

让孩子独自上附近的小超市买东西，偶尔让他独自坐地铁去博物馆，甚至让他独立完成一篇论文研究，独自坐火车去外婆家，独自坐飞机去北京旅行……享受了成功体验的孩子会变得越来越自信，能力也会越来越强。

第六，兴趣的培养。

兴趣、特长及能力的培养是由投入、毅力、成绩、积极体验、良好评估五个阶段和要素的多次循环而产生的。

而这五个阶段和要素中的后三个（成绩、积极体验、良好评估）都属于“成功体验”的范畴。正是因为有了成功的体验，才会进一步地投入精力、时间和热忱，才会用顽强的毅力去坚持、认真的态度去钻研，通过这五个步骤的多次循环，才能真正形成一个人的兴趣、特长和能力。

做一名好家长，一定要认真对待孩子成长过程中的“成功体验”，做好这一点，大有“事半功倍”的功效哦，千万不可忽视啊！

尚阳讲故事

韩寒的名字，很多家长都不陌生，前些年关于他的那些光环和争议始终没有停息，但我们不得不说，作为他个人来说，他获得了成功——不仅可以按照自己的方式生活，并且也收获了自己的爱情和家庭。

他曾经在《南方人物周刊》上接受过采访，记者抛出了这么一个问题：“你怎么看待成功？”

韩寒提出了一个新颖的论点："成功是成功之母，失败是失败之母。"他说："就像我们赛车一样，如果你在一个拐弯出了问题，以后你每次到这个拐弯的时候，你都会心虚。如果你一直成功、一直成功，你就会一直特别有信心。很多事情都是这样的。"

其实，他说的这个观点就是我们所说的"成功体验"，只有享受过成功的喜悦，拥有一直成功后强大的自信，我们才能从成功走向更成功。

13 为孩子编织一个英雄梦

Q：

我和爱人在小时候都吃过苦，没有享受很好的物质生活，现在家庭生活条件好了，所以在教育孩子问题上，只要他开心快乐，其他我们都不强求。随着孩子渐渐长大，我才发现，孩子变得安于现状，甚至可以说是好逸恶劳。我问他的梦想是什么，他告诉我说就想待在家里，在家附近找一个稳定的工作。说实话，我当时很震惊，因为他是个男孩子，如果一开始就这么图安逸，万一以后遭遇挫折可怎么办呢？但是当我尝试给孩子讲述这个问题的时候，他却瘪瘪嘴，根本听不进去，反而反驳我，说自己开心快乐就行了，何必想得太多。

请问尚老师，我们该如何做才比较好？

A：

现在的社会风气，老实说，我并不十分满意。很多人鄙视传统、轻视梦想。如果有人有豪情壮志，反而会被众人讥笑，成为另类的存在。

明朝著名的思想家王阳明说过这样一句话："故立志者，为学之心也；为学者，立志之事也。"说的是什么意思呢？

这句话就是说立志，是学习的动力；学习，是为了实现所立下的志向。志向，是人学习的原始目标和动力，是一种强大的驱使力量。帮助孩子树立崇高的理想和远大的抱负，是父母在家庭教育中的首要任务，比其他所有教育都重要，因为它是知识学习、品格教育、良好习惯培养的前提。

很多家长，包括提问题的这位家长，往往会犯一个习惯认知上的错误，以为孩子小的时候需要在健康和生活上给予关爱，刚上小学时需要在学习习惯上给予指导，进入中学之后就只需要关注孩子的成绩就可以了。

其实不然，孩子的教育与成长是一个复杂的系统工程。

聪明的家长会高度重视孩子的家庭教育，给孩子充分的关爱和指引，让他们成为有理想、追梦的孩子，并且根据孩子成长不同阶段的特点，家长要学会抓住关键点，引导孩子们成为最棒的人。

远大的志向对于孩子们而言是至关重要的，它使孩子们不会在人生的旅途中成为"迷途的羔羊"。12岁至16岁的孩子是立志和树立理想的关键时期，作为父母应该引导、培养孩子对伟大和高尚的人生目标有所向往和追求，以历史、当代及身边的优秀人物为榜样编织孩子童真的英雄梦。"志不立，天下无可成之事，志不立，如无舵之舟，无衔之马，漂荡奔逸，终亦何所底乎！"

所谓"志"就是一个人的胸襟、气度和魄力的总和，是度量伟大与平庸的尺码。志高的人是指对伟大怀有向往和追求的人。一个从小立大志的孩子，则对任何一件事都不会满足于现况，有追求完美、追求最高境界的欲望；取得一定成绩之后，总有更上一层楼的决心和气魄。

一个充满自私和庸俗的家庭是无法培养出志向远大的孩子的，所以父母首先要以身作则，注意自己平时的言行举止。我想，这位来信的家长之所以处在进退维谷的窘境，归根结底，还是家长自己的言传身教做得不够好，让孩子过早体会了“人生得意须尽欢”的人生信条，所以孩子继承了家长的很多想法，觉得奋斗都是缥缈不定的浮云，活在当下才是最重要的。一个青春少年却暮气沉沉，这是多么可怕的事情。但值得庆幸的是，孩子年纪尚小，人生观还可以重塑。作为家长，你们也要进行反思，自己在日常生活中是不是也轻视梦想、太过现实了？

父母除了身教感化之外，还要不失时机地进行说教，因时因地将美景和感人事迹结合起来，营造出一种崇高的意境，也许可以起到很好的感化作用。也许很多家长觉得这都过时了，其实不然，伟大的作品之所以能流传到今天，就因为它们具有强大的感染力和生命力。所以，经常给孩子讲述一些伟大人物的传奇故事，经常教孩子背诵一些伟大的诗篇、格言和语录，引导孩子阅读伟人、英雄传记十分重要，它能帮助孩子们远离暴力的、色情的不健康读物，在孩子纯洁的心灵中播下伟大的种子。

但如果仅仅树立志向是没用的，还必须有一个长期的目标，乃至人生终极追求。无志之人常立志，有志之人立长志。没有志向的人目光短浅，没有自己的独立思考，所以经常立志；而有志向的孩子，就能树立一个坚定的目标，并坚持走下去。

因此，家长要帮助孩子分析自己的条件，扬长避短，找准孩子的特点来确立目标，才会有成功的希望，千万不要赶时髦而去设定一些不现实的目标。同时，家长要给孩子的目标把关，不能让孩子的目标偏离航线。我们可以把孩子的志向细分为一个个小志向，让孩子在优秀的路上逐渐完善自己，并且感受到成功的喜悦，最终实现自己的梦想。

尚阳讲故事

几千年前的一天，在渭水北岸，有位悠然垂钓的老人，他似乎对钓鱼之事并不在乎，因为他是用没有鱼饵的直钩来钓鱼！

就这样日复一日，年复一年。一天，他的身边路过了一辆马车，马车上的人问他："老先生钓到鱼了吗？"

老人回答说："什么有没有钓到？你问的未免太浅薄了，我是在想国家大事呀！钓一条小鱼就得意忘形，那只是普通人的行径，而我要钓的鱼和他们的大不相同。"

这样的回答让车上的人马上下来，毕恭毕敬地对老人说："先生正是我梦寐以求的老师啊！"随即在老人的背后深深地鞠躬。车上人就是周文王，而老人正是助周朝开启八百年霸业的姜太公。

14 培养责任心，别让孩子当“逃兵”

Q：

专家你好，我是一个13岁男孩的母亲。在昨天，我接到学校老师的电话，说孩子在学校里犯错误了。在参加集体活动的时候，孩子不慎将一个女孩推倒在地上，女孩疼得哭了起来，孩子不知所措，居然跑回了教室。其实，我在家里也早就发现了孩子的这个问题，他在面对突如其来的考验时，往往会选择逃避和放弃，就算是他能力范围内的事情他也只会逃避。比如有时候要他一个人去他没去过的超市或者商店买东西，他都因为担心迷路而不敢去。可他毕竟是个男孩，以后肯定要承担很多责任的。我不敢想象他这个样子发展下去会成什么样子，所以很想做些什么来让他变得更有担当，但又担心矫枉过正，让孩子变得更加懦弱。

A：

从你焦灼的文字中，我分明看到一位负责任的好妈妈形象，因为你能意识到孩子没有责任感是多么可怕的一件事情，特别是对于男孩子来说，没有责任感是致命的缺陷。

究竟什么是责任？责任有时候仅仅是做好分内的事情，办好一些平凡无奇的小事；有时候是他人的重托，是攸关多人利益的大事；有时候意味着承担巨大的压力与极大的风险……而如果要我定义“责任”这个词语的话，我觉得，责任首先是要对自己负责，了解自己的行为会导致怎样的后果，并且明白这样的后果应该由自己来承担：所得到的荣誉是自己应得的，所制造的恶果要由自己去面对。自立的同时也能承担对于他人、社会的责任，是一个人成熟的标准，也是青少年“成人”的第一步。

这位来信家长的孩子，推倒了同班的女同学，不管是不是有意，都应该先把人扶起来并向人家道歉。我建议这位家长和自己的孩子好好谈谈，告诉他，要做一个顶天立地的男子汉就必须要为自己的行为负责。如同你所担忧的，你的孩子缺乏担当责任的勇气和意志，表现为面临挑战和变化就束手无策，选择了逃避。其实责任感并不是一个人天生就具有的能力，是需要后天培养的。让孩子从小养成责任意识说简单其实不易，说难其实也并非办不到。比如下面几点，就是家长可以去采取的措施：

1. 如果有条件，多让孩子负责照料一下家里的花草、小动物等；

2. 鼓励孩子帮助自己做力所能及的家务；

3. 在孩子将房间弄得乱糟糟后，让孩子自己收拾；

4. 当孩子造成财物损坏的时候，要让他承担全部或部分责任；

5. 用乐观的心态，带领孩子弥补造成的不良后果等。

根据专家总结的经验来说，孩子经历的事情越多，对于事情的应对准备也就越充分。在经过初期的一团糟之后，父母与孩子就能有一个清晰的认知，哪些事情孩子可以做得很完美，哪些事情无法胜任；完美的事，可以培养孩子完成时的成就感和荣誉心；无法胜任的事，可以视其情况，指引他们去慢慢体会，切忌剥夺他们的学习机会。凡事从小事着手，严格要求，循循善诱，才能培养孩子看待一件事情的责任心。

在一个宁静的小区里，道路旁边停满了私家车，两个调皮的孩子，脚踩着滑板，追逐嬉闹着。忽然其中一个孩子恶作剧般地跑到一辆车旁，用钥匙划出了一道深深的划痕，还踩着滑板一路走一路划，结果路边的每辆车都被划上了深深的划痕。小区里的摄像头忠实地记录下了这一幕。

面对这几十辆车的赔偿问题，“肇事者”的母亲并没有逃避。她在家严肃地批评了孩子，并打印了一份致歉信，向所有车被划伤的车主表达歉意，并表示承担全部责任和修理费用。接下来的几天，她领着孩子，逐户登门道歉。每到一家，孩子一进门就说：“对不起，我不知道划车的后果这么严重，请你们原谅我。”看着肇事孩子年纪尚小，并且家长如此配合，这些本来满肚子火气的车主最终都原谅了这个孩子。这位明事理的母亲教育儿子说，“叔叔阿姨都很包容，原谅了你，但是，你要记住，这次的错误很严重，你不仅让家里经济遭受损失，还让很多叔叔阿姨心情都变得不好。”经过这件事后，这个小孩再也不做出格的事情了。

而同样是一个宁静的小区，一个小孩在等妈妈，无聊的时候就拿着手中的玩具刀对着就近一辆车划了起来，孩子并没有注意到车里其实有人。车主很生气，很快找到了孩子的母亲理论，说：“你的孩子拿着玩具刀把我的车划花了。”那位母亲第一反应便是说：“你哪只眼睛看到我儿子划的？谁知道是不是你之前就有的划痕，现在却赖我们头上来了。”见到孩子母亲这个态度，车主也急了，孩子看着妈妈这样给自己撑腰，自己犯了错误却能逃脱惩罚，心情也由惶恐变为自鸣得意。

同样是孩子恶作剧划车的事情，两位母亲不同的处理办法，折射出她们对孩子不同的教育方式。上述第二个母亲对于孩子犯错行为的处理，根本不会让孩子产生犯错的心理以及要承担后果的觉悟，而认为这事没有大碍，孩子以后自然会继续犯此类错误。而第一个母亲教育孩子对待错误的方式，就是一个敢于承担的方式，虽然这个家庭会蒙受经济损失，但是却给孩子上了一堂终生难忘的课，这绝不是钱可以买回来的。让孩子明白自己所犯的错误，并要承担错误所带来的后果，这是我们家长应该要做的事情。

当你的孩子成了一个勇于承担自己错误的人，你自然不用担心他在以后的人生中遇到挫折会迷茫甚至想不开。因为即使遇到了天大的困难，作为一个有担当、敢于面对困难的人，也会期待柳暗花明的那一刻。

尚阳讲故事

王萌今年10岁了，在学校上完植物课后，萌萌对争奇斗艳的花儿产生了兴趣，于是苦苦地哀求爸爸给她买一盆鲜花。

爸爸同意了萌萌的请求，趁周末带着萌萌到花卉市场买了一盆小花。爸爸希望萌萌看到并参与小花成长的整个过程。于是，爸爸和萌萌约定，由萌萌负责照顾鲜花，给它浇水和施肥。在最初几天，萌萌兴致非常高昂，每天耐心地给小花浇水，还根据日照的情况，不断给花盆挪动位置，并拿出本子，歪歪扭扭地在上面画出花卉生长的情况。

爸爸看到小萌萌这么有责任心，十分满意。可是，没过多久，他就发现小萌萌给花浇水的次数越来越少了，甚至好多天都不给小花浇水，也不做记录，似乎她已把养花的事给忘了。结果，小花慢慢枯萎了，叶子也开始泛黄，生长的速度减慢了，过不了几天就快死了。

一天吃过晚饭，爸爸把萌萌叫到阳台，说："你给花浇水了吗?"萌萌低着头说："没有。""为什么没有?"

"我……"

"我们在买这盆花的时候，是怎么约定的呢？由谁负责照顾它呢?"

"你看，这盆花多么伤心啊！它失去了美丽的叶子，变得枯黄，而这都是因为你。"听完爸爸的话，萌萌沉默不语。在以后的日子里，萌萌每天坚持给花浇水，小花不久又恢复了以往漂亮的颜色。

15 你们在孩子心中有良好信用记录吗

Q：

我是带着沮丧的心情来咨询您的意见的，希望您能给我带来答案。我居住的城市是一座教育资源相对紧缺的城市，并且我和孩子的父亲都是普通的工薪阶层，所以孩子能否进入重点高中决定了孩子以后能否考上好的大学。我孩子今年升入了初三的毕业班，但是学习状态一直不大好，我是看在眼里，急在心里。

孩子一直痴迷日本动漫，特别是对日本的手办特别感兴趣，所以我当时脑子一热，就给孩子许诺，如果孩子能在月考里进入全班前十名，我就给他买一个正品日本手办。孩子一听，立刻来了兴趣，表示一定能达成目标，学习态度也有了很大的改变。到了月底，孩子真捧着全班前十的成绩单回来了，我自然是高兴无比，准备去兑现给孩子的承诺。结果和孩子到了手办店，我傻了眼，孩子喜欢的那款居然要一千多。权衡再三后，我没给孩子买。

回到家后，孩子和我大吵一架，说我不守承诺，而我也很生气，本来孩子喜欢这些玩意，就浪费了不少时间和精力，还影响学业。我要他好好学习，考上重点高中，不也是为他好吗？请问专家，我究竟该怎么办？

A：

从古至今，流传了太多关于信守承诺的名言或者故事，既有“一诺千金”受人敬仰的季布，也有“抱柱而死”遵守约定的尾生。一个人是否遵守自己的诺言，常常成为这个人人品的权衡标准。那么，在家庭生活里，我们需要讲究诚信、需要遵守承诺吗？

我曾经看过这样一段让我记忆深刻的话：

“家长作为伴随孩子成长的老师，也是孩子效仿的主要对象，家长言行一致、表里如一是确立家长在孩子心目中主导地位和权威的重要因素。若父母总是欺骗孩子，久而久之会让孩子对家长失去信任，双方没有了信任，还谈得上什么教育的有效性呢？”

家长能否对孩子信守承诺，是能否在孩子心中建立权威的重要前提。面对自己的孩子，父母能否守信？在孩子心目中，你们的信用记录良好吗？调查显示，80%以上的父母认为自己能坚持对孩子守信，然而与此相反的却是超过95%的小孩认为父母常常不履行承诺，对自己失信。父母的习惯性失信会在孩子心中留下烙印，令孩子认为自己不被父母接受，导致对父母缺乏足够的信赖感，沟通的欲望就会减少，而沟通的缺乏正是目前大大小小的家庭问题最主要的原因之一。最坏的情况是，当父母由于某些自身原因不能信守承诺时，对孩子不道歉，而是用某些借口继续欺骗孩子，这样的父母就会在孩子心中树立起说谎的坏榜样。因此，在教育孩子的过程中，父母一定要注意自己的言传身教，说到的事情一定要做到，只有一诺千金的父母才能培养出言出必行的孩子。

如果家长由于工作原因而忘记了对孩子许下的承诺，那么必要时要向孩子道歉，取得孩子的谅解，并尽可能择日兑现。父母要求孩子诚实的同时，自己首先要做一个诚实守信的人。这样才能给孩子好的榜样哦！

可是有些孩子却说的是一个样，做的是另一个样；当面是一个样，背后是另一个样。面对孩子的这种行为，许多父母既生气又着急，对孩子反复训斥也不见成效。

对于孩子那些言行不一、不履行诺言的行为，我们应该从对孩子的教育方式和孩子自身的成长方式上找原因，而不能随意打骂孩子。为此，我们可以做到以下几点：

第一，在生活中时刻贯彻诚信的理念，为孩子树立诚信的榜样。

在生活中，很多家长都会这样，为了摆脱孩子纠缠而胡乱允诺，到时候却不兑现，这样很容易给孩子一种误导：承诺可以随便说出口，而不用认真兑现。父母是孩子最早的老师，我们的言行直接影响着孩子的成长，所以在孩子面前一定要讲诚信，不能说话不算话。对孩子一旦做出承诺以后，就要牢记于心，提醒自己及时兑现。如果因为某些原因确实没有办法兑现的，也应该及时向孩子说明情况，并且真心地表示歉意，和孩子商量应该用其他什么样的方式进行弥补。

第二，善于利用生活中的实例，告诉孩子承诺是一种责任。

生活中总会有很多的实例，让孩子有切实的感受。通过这些实例让孩子明白道理，要比枯燥的说教效果更好。所以我们要善于通过实例让孩子理解：承诺是不可以随意给出的，一旦答应了别人的事情，不管事情是大是小，都要努力去兑现，不管遇到什么困难，都应该积极地克服，努力实现承诺。

第三，帮助孩子完成他无法完成的诺言。

信守诺言的前提是不随意许下承诺。在答应别人以前，我们一定要让孩子认真考虑自己是否有这样的能力能够实现自己的诺言。如果自己没有能力做到，就不要轻易地把承诺说出口。如果自己有能力，也要给自己留有一部分余地，千万不要向别人夸下海口。这样，孩子在做出承诺的时候就会有一个适当的参考。

有些时候，孩子可能会高估自己的实力，对别人许下了承诺，但是最后却无法兑现了。这时候我们应该尽量帮助孩子实现诺言。如果实在难以完成，也应该鼓励孩子勇敢地向对方承认错误，并且真心地表示歉意。因为只有这样，孩子才会更深切地体会到诺言的责任。

尚阳讲故事

孔子的学生曾子是儒家的传承和发扬者。一天，他的妻子要去赶集，儿子哭着闹着一定要跟着，她就哄儿子说："如果你听话不去，等我回来就杀猪给你吃。"当时一般只有过年才会杀猪，儿子当然很开心地同意了。妻子回来，看到曾子真的准备杀猪，慌了："我那是哄小孩玩呢，你怎么当真了？"曾子不理会，还教育起她来："有样学样，孩子可都是学父母的。今天你骗他，就是教他骗人！他也不会再相信你，以后就很难教育他了。"最后的结果，当然是夫妻双双努力，一起兑现承诺，让孩子美餐了一顿，也让他从此记住了，言出必行，做人要言而有信。

16 会感恩的孩子更容易获得幸福

Q：

尚老师你好，我是一个14岁女生的父亲，我想咨询一个一直困扰我的问题：我的孩子从小跟随爷爷奶奶长大，虽然孩子的爷爷奶奶都生活在农村，物质条件稍微差点，但关系都很融洽。现在孩子长大了，喜欢安逸舒适的环境了，渐渐地，孩子就开始觉得爷爷奶奶是农村的，是穷人，对爷爷奶奶没以前热情了，所以每次看到我父母热情洋溢地问起孩子，孩子却是不情不愿的样子，我心里就十分不舒服。我批评过孩子几次，但孩子妈妈觉得这都是小事，孩子长大了就会明白。老师，我应该怎么做才好呢？

A：

无论是互联网上还是现实生活中，有一个问题我们一点都不陌生：那就是面对我们的家人，我们往往显得不那么感恩，不那么宽容。朋友、熟人甚至陌生人对我们的好，我们都会感激涕零，想起来就会心生暖意；但父母家人给我们无私的爱与帮助，我们常常熟视无睹，觉得这是理所当然，而习以为常。

你的孩子显然就缺乏了对爷爷奶奶带大自己的感恩之心，并且早早用世俗评价一个人价值的标准来衡量自己的亲人。其实这不仅是孩子的悲哀，也是这个时代的悲哀。

人要拥有感恩之心，无论一个多么卑微贫穷的人，只要他们对我们有过恩情、有过帮助，我们就应该在心中给他们留一个位置。所以，这件事情并不是孩子母亲说的小事情，而是影响孩子一辈子人格形成的大事情。如果孩子连自己爷爷奶奶的养育之恩都可以熟视无睹，那么她又怎么可能珍惜生活中那些细腻而美好的爱呢？

让孩子学会感恩，感恩亲人，感恩朋友，以友善之心对待他人，尊重他人的劳动，这是父母和老师首先要教会孩子的能力。感恩是爱的根源，也是快乐的必要条件。

怎样对孩子进行感恩的教育呢？

第一，我们需要郑重地告诉孩子，生命的回报和付出差不多，如果我们为某个理由拿一张臭脸面对世界，世界也不会给我们好脸色看；如果我们对拥有的一切心存感恩，便可能得到他人温柔的回应。所以常存感恩之心的人，才会拥有一个成功的人生。

第二，要让孩子懂得感恩，学会体谅家人。在饮食上，父母不要给孩子“开小灶”。应该是父母吃什么，孩子也跟着吃什么。除了一些孩子专用的营养品，所有的东西都应该大家分享，并且传递给孩子一个信息：爱是相互的，家人们也需要关怀。你可以注意一些细节，比如妈妈分水果不要让孩子先挑，而是先给孩子的爸爸；一家人上街购物，不要只考虑孩子的需要，而是告诉孩子，爸爸为家庭打拼，也需要好好地犒劳，比如说：

“我们先去买爸爸要的衬衣，然后给你去挑鞋子，好吗?”在这个过程中，也可以让孩子参与进来，帮着爸爸挑选衣服。另外，父母可以经常给孩子讲一讲自己的工作艰辛。其实，每一位父母在工作中都是摸爬滚打过来的，都很不容易，如果父母能经常告诉孩子一些自己的苦恼，那么孩子会在体谅和感恩中渐渐长大。

有一位家长举过这样一个例子，孩子爸爸在孩子的心目中是个“大懒虫”。原来每个星期六早晨，爸爸都要睡懒觉，一直睡到中午 12 点才起床。所以她一点也不觉得爸爸好，反而在爸爸睡懒觉的时候故意弄出很大的响声。后来孩子的妈妈知道了这件事，语重心长地告诉孩子：“你爸爸的工作是写文章，写文章需要灵感。每天晚上当你睡觉的时候，爸爸在工作，因为晚上没有干扰，你爸爸的灵感容易来。星期六，早晨你起床的时候，爸爸才开始休息。所以不是爸爸懒，爸爸每天都在辛苦地工作。”从此以后，女儿在爸爸睡觉的时候再也不发出很响的声音，而且还悄悄地帮爸爸盖好被子。

第三，教会孩子和老师和谐相处，也是教会孩子爱的能力。因为种种的原因，不少孩子对老师不仅没有感恩之情，怨恨的情绪反而会更多一些。但我们可以看到，光阴荏苒之后，混迹社会的成年人对老师往往是充满感情的，这是因为我们成熟了。其实，如果在孩子还小的时候，就能让他们养成感恩老师的心态，岂不是一件能帮助他们一生的好事?

善待心灵，就要学会感恩。感谢父母给了我们最宝贵的生命，感谢老师对我们谆谆的教导，感谢朋友在我们患难之际的帮助，感谢对手在竞争中使我们获得进步，感谢春天的花香，感谢夏日的细雨，感谢秋天的红叶，感谢冬日的瑞雪。感谢这个世界赐予我们的一切，学会在感恩中享受多姿多彩的生命。

其实，在这个感恩教育中，还有一点，也极为关键。那就是父母自己，也要用感恩的态度来对待自己的孩子，以及身边的每一件事。

生活的美与丑，全在我们自己怎么看。生活也许给了我们许许多多的苦难，但要相信只要不是彻底“消灭”我们的困境，总会有一天成为我们成长的肥料。用一种积极的心态，去体会生活、热爱生活，你会发现，生活处处美丽动人。感恩之心也是需要我们自己去培养的，当我们告诉自己应该懂得感恩的时候，也就渐渐具备了这样的能力。

尚阳讲故事

一位外国学者曾在书中写下了这样几段话，来悔恨自己缺乏对母亲的感恩之心：

当我 1 岁的时候，母亲给我喂奶，还给我洗浴。然而我却只会用整晚的大哭大闹来报答她。

当我 3 岁的时候，母亲以她全部的爱心为我准备一日三餐。然而我却只会用将碟子扔在地板上来报答她。

当我 7 岁的时候，母亲给我买了一枚棒球。然而我却只会用拿球击碎邻居的玻璃窗来报答她。

当我 11 岁的时候，母亲请我和我的朋友去看电影。然而我却以让她单独坐在不同一排来报答她。

当我 14 岁的时候，母亲为我支付了长达一个月的夏令营的费用。

然而她获得的报答却是：我全然忘记了给她写哪怕一封信。

当我 18 岁的时候，母亲在我的毕业典礼上哭了鼻子。然而我却以在毕业舞会上玩了个通宵而不回家来报答她。

当我 21 岁的时候，母亲为我设计未来的职业。而我却回答说："我才不想步您的后尘呢。"

当我 24 岁的时候，她遇见了我的心上人，并问及了我们对未来的打算。而我却对她大嚷道："我们自会好好安排的。"

当我 30 岁的时候，母亲来电话提到了一些关于如何抚养婴儿的合理化建议。而我却说："现在的情况已经完全不同啦。"

当我 40 岁的时候，母亲在电话中提醒我某个长辈的生日马上到了。而我却推托说："眼下我正忙得团团转呢。"

当我 50 岁的时候，母亲生了病，而且需要我去照顾。而我却唠叨说："双亲有时也会变成晚辈的重担。"

然后有一天，母亲安静地驾鹤西去。所有我未曾来得及做的事情，便都犹如敲击在我心头的声声霹雳，让我后悔，让我心痛。

17 宽容，是成长的门票

Q：

都说男孩子应该大度一些，可我家孩子却是个小心眼。有一天，孩子的老师告诉我，因为一个女孩在他的衣服上不小心溅上了一点墨水，孩子居然对这个女生大吼大叫，将人家吓哭了。回到家，我严厉地批评了孩子，谁知道孩子负气以后，居然几天都没再和我说话，让整个家的气氛都变得尴尬和不和谐。请问专家，我该怎么做才好？

A：

宽容心是一种非常珍贵的感情，它主要表现为对别人过错的原谅。古代先贤曾经说过："君子贤而能容墨，知而能容愚，博而能容浅，粹而能容杂。"大意就是一个人要有心胸去包容那些不如意或者错误。

宽容不是迁就与放纵，而是折射人性光辉的一种品德，是沟通、融洽情感的润滑剂。它是一种以退为进的智慧。拥有宽容，就意味着学会了谅解和谦让，人与人之间就会产生融冰的暖流，就会带给人们有序的行动与和睦。

在日常生活中，我们知道，富有宽容心的孩子往往心地善良，性情温和，惹人喜爱；而缺乏宽容心的孩子往往性情冲动，易走极端，不易与人相处。

所以，家长要想自己的孩子受人喜爱，合群不受人排挤，就必须教会他们学会宽容。

就拿你孩子的情况来说，他仅仅因为一件小事就和同学争吵，不仅缺乏对同学的宽容，也没有男子汉应该有的风度，后来面对父母的批评，也是用“冷暴力”予以对抗。作为家长，的确应该正视这个问题。

那么，如何教会孩子宽恕的勇气和豁达的智慧呢？

第一，教孩子学会换位思考。

许多孩子只习惯从自己的角度思考问题，而不习惯站在别人的角度上思考问题。要消除这种现象，办法就是“心理换位”。比如这位来信的家长就可以心平气和地告诉孩子，假设是他不小心把墨水溅到了别人身上，别人不给他好脸色，而是一顿臭骂，他难道不难受吗？

第二，教孩子学会理解他人。

这个世界上有完美的人吗？显然没有。金无足赤，人无完人，和同学相交，和家人相处，完全没有必要求全责备。家长要告诉孩子，也许父母和孩子沟通的时候语言和方式也许存在问题，但父母对他的教育都是为了他更好地成长。孩子觉得有意见可以和父母沟通，但不能生闷气或用“冷暴力”来对抗家人。

同样，在生活中，只要同学和朋友的缺点不是品质方面的，不是无法改正的，就要教会孩子尽量宽容。对于朋友的缺点和不足，对于同学心情不好时所说的话和所做的事，我们没有必要斤斤计较，事事都要分出个对错。多体谅别人，也是为自己创造一份好心境。

第三，让孩子多与同伴交往。

宽容的心在与人相处的过程中才会逐渐绽放，只有鼓励孩子多和同龄人交往，他们才会发现其实每个人都有这样或那样的缺点，都会犯或大或小的错误。所谓见多识广，当孩子意识到“金无足赤”的意义时，他们才会成长；同时，也只有通过和朋友们的相处，孩子才能体会到宽容的意义，体验宽容带给别人和自己的快乐。在他人犯错忐忑不安的时候，一句温柔的“没关系”，一个温暖的拥抱……这些都能使孩子得到友谊，获得他人的赞许和支持。

在孩子与同伴交往的过程中，父母要特别注意引导孩子，让孩子不嫉妒比自己强的同伴，不嘲弄比自己弱的同伴。让孩子向强者学习，帮助弱者成长，收获真正的友谊。

第四，鼓励孩子勇于创新，养成豁达的人生态度。

宽容不仅体现在对“人”的态度上，也表现在对事物的态度上。当今社会日新月异的发展，让一些新事物来得很突然，新的观点和思潮风起云涌。其中固然有令人不适应的地方，但肯定也有其积极进步的一面，关键是要用大脑来思考和判断，去除糟粕，取其精华。让孩子喜欢并乐意接受新事物，承受新事物所发生的意想不到的变化，善于知变和应变。孩子一旦习惯于“纳新”和“应变”，他对世间的万事万物也就具备了宽容之心。

第五，家长要以身作则，起好表率作用。

苏联教育家马卡连柯说：“开始教育自己的子女之前，家长首先应该检点自身行为。”父母如果心胸狭窄，总是为一点小事争执不休或得理不让人，孩子怎能学会宽容？父母作为孩子的第一任老师，拥有一颗宽容之心，宽容才会出现在孩子身上。

孩子是一面最好的镜子，家长的一言一行都被孩子看在眼里。要培养孩子拥有一颗“宽容心”，家长必须也要拥有一颗“大”心脏。家长在生活中也要学会大气，也要懂得用宽容去化解仇恨。“恨”会使一个人看不到人间的关爱与温暖，即使在夏日也只能感受到严冬般的寒冷。当家长作为表率，学着去宽容，用一颗包容的心去化解生活中的种种不如意，孩子的心灵也会得到净化与升华。

一言以蔽之：宽容，是健全人格的必备素质，只有学会宽容的孩子，才会懂得理解和尊重他人，才会有爱人之心，有容人之量，成为一个识大体、顾大局、受人欢迎的人。

当然，宽容不是懦弱，不是盲从，不是人云亦云，这一点是必须向孩子讲清楚的。要通过事例让孩子知道宽容是一种气度，而不是卑躬屈膝，是明辨是非之后对他人的退让，而不是对坏人坏事的妥协。对坏人和得寸进尺的人，宽容也是要有底线的。

尚阳讲故事

被后世誉为“春秋五霸”之一的楚庄王是春秋时期楚国最出色的君主，关于他留下了很多有趣的故事。

有一次楚庄王宴请群臣，让自己美貌的宠妃许姬来斟酒助兴。忽然一阵风过，厅中蜡烛全被吹灭。黑暗中，有人扯住许姬的衣袖想要轻薄她，孰料许姬顺手拔下那人的帽缨，并挣脱开来。许姬向庄王告状，并出主意称只要点上蜡烛看谁没有帽缨，那人便是罪臣。

庄王认为酒后失礼并不是一件大事，如果在此事上进行深究，反而不好。于是他便假借为了尽兴而让群臣皆除去帽缨，之后再掌灯，以此法宽恕了失礼的臣子。

3 年后，晋国侵犯楚国，庄王发现有一位将领总是奋不顾身、奋勇杀敌。在嘉奖他时，那臣子坦陈，自己就是当年酒后失礼冒犯许姬的人，承蒙大王宽容，不予追究，现在他准备用自己的生命来报答大王的恩德，即便战死沙场也在所不惜。

那晚的事情楚庄王已经忘记了，他恐怕也没有想到一时的宽容为自己赢得了一位忠实的臣子与义士。

18 别让成绩毁掉孩子的自信心

Q：

老师你好，我的孩子今年读高一，因为种种原因，在初升高的考试中，孩子没取得很好的成绩，所以家里额外交了一笔钱，孩子才得以进入目前他所在的这所高中。也许是这个原因，孩子在学校里显得非常不自信，甚至很自卑。孩子自小就学习过书法，所以我鼓励他参加学校组织的书法比赛，孩子却垂头丧气地告诉我，学校里的厉害人物太强了，自己就算参加也是自取其辱。我对孩子的态度感到十分愕然，因为孩子以前是多么阳光和自信啊！我心里五味杂陈，不知道如何安慰他。我究竟应该怎么办？

A：

看到你的来信，我的心里也五味杂陈。无论是过去还是现在，我见过太多的孩子因为某件事情的原因，从阳光灿烂变得沉默寡语，从自信满满变得畏首畏尾。

这些孩子，很遗憾地丧失了自信，对自己产生了怀疑。作为家长和老师，我们应该尽全力去帮助孩子恢复他们应该有的朝气。一个人自信心的建立不是天生的，更不会随心所得，它是需要培养的。当孩子彷徨时，需要我们重建他们的信心。一个人的自信心与他的成功概率成正比，自信心越强，越能够产生强大的精神动力和进取激情，排除一切障碍去实现自己的目标。正如萧伯纳所说的："有自信心的人，可以化渺小为伟大，化平庸为神奇。"

孩子自信的来源，不在于父母围着他团团转，为他提供一切方便，也不在于父母信手拈来无缘无故的夸奖，而是在于父母对他真切的关爱，有效的指导，放手给他成长、探索、认知的自由，并且给他为家里作出贡献的机会。只有当孩子看到自己在家里是有价值、起作用、能成为奉献的一员时，他才能获得坚实的自信心。

那么，怎样才能帮孩子树立自信呢？

一、让他从料理自己的生活开始，参与家庭事务，为自己、为家庭承担责任。

家庭是我们所处的第一个集体，我们在这个小集体里得到爱与被爱，我们对这个小集体作出贡献并得到全体成员的承认、赏识和接纳，我能为自己、为家庭承担责任，这样的经历将为以后的生活打下基础，让我们在家庭中成长为一个成熟、有责任心、有归属感的人。孩子在家庭事务中获得归属感，从而感受到自身的价值。当他感觉自己是一个有价值的人时，他会获得自信，也会产生真正的自爱之情，对自己的行为负责。

二、在学习上也可以培养孩子的学习方法、学习兴趣，鼓励他通过自己的努力找到学习上的成功体验，"虽然你的语文、数学成绩一般，但是你的生物成绩就很优秀啊，你对昆虫习性、特点、名称的记忆是那样的精确、清晰而生动，一旦你把学习生物的兴趣、时间、方法运用在语文、数学上，我相信你的语文、数学也一定是很优秀的！”

不要给孩子在学习上施加过多的压力，不要提过多、过高的学习要求，如“一定要考100分，一定要达到全班前三名”，不切实际的要求不仅对学习无益，更会打击孩子的自信心。

三、多给孩子讲一些励志的故事，引导他阅读一些伟人的传记，帮助孩子树立远大的理想和目标。思想、品格、意志上的提升，也会有益于孩子自信心的树立。

当孩子被父母养育成“顺从听话”的乖孩子时，他没有归属感，缺乏自信心，不知道自己能做什么，也不知道自己想要什么。缺乏自信心的时候，我们不能仅仅想通过简单的表扬、激励和体罚就能解决问题。家长需要多花些时间和耐心，从生活自理能力和学习上帮助孩子找到成功的体验，从思想理念上树立他的自信心。在这个过程中需要特别注意的是，不要给孩子提过多的要求、设立过高的标准，不要指令孩子，更不要因为他做得不够完美而批评他。要多鼓励孩子，尽管开始时他做得并不好，但要看到他的进步，要及时夸奖他，给他具体的示范和帮助，给他时间和空间，让他慢慢成长。

根据我多年的研究经验和教子实践，可以得出这样的结论：孩子的自信是需要培养的！如何培养呢？从生活自理能力、学习方法和兴趣、思想理念和品格意志三个维度加上时间和过程，帮助孩子找到成功的体验，自信心自然会与日俱增！

尚阳讲故事

小泽征尔是世界著名的交响乐指挥家。在一次世界级的比赛中，他按照评委会给的乐谱指挥演奏，敏锐地发现了不和谐的地方。起初，他以为是乐队演奏出了错误，就停下来重新演奏，但还是不对。他觉得是乐谱有问题。这时，在场的作曲家和评委会的权威人士坚持说乐谱绝对没有问题，是他错了。面对一大批音乐大师和权威人士，他思考再三，最后斩钉截铁地大声说："不！一定是乐谱错了！"话音刚落，评委席上的评委们立即站起来，报以热烈的掌声，祝贺他大赛夺魁。

原来，这是评委们精心设计的"圈套"，以此来检验指挥家在发现乐谱错误并遭到权威人士"否定"的情况下，能否坚持自己的正确主张。前两位参加决赛的指挥家虽然也发现了错误，但终因随声附和权威们的意见而被淘汰。小泽征尔却因充满自信而摘取了世界指挥家大赛的桂冠。

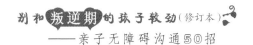

19 怎样提高孩子的心理抗挫力

Q：

孩子所在的学校前段时间组织了一场英语演讲比赛，孩子很认真地准备了，最后获得了第三名，我们也很高兴，因为之前学校说的是前三名就可以去省里参加复赛。但就在孩子高高兴兴准备的时候，老师却通知我们说，因为我们市的总名额有限，所以学校只有前两名可以去省里，孩子被刷掉了。听到这个消息，孩子非常沮丧，把自己关在房里好久都不出来，看到孩子这样，我们心情也很不好，不知如何引导孩子。

A：

统计显示，有很多的青少年属于亚健康状态——抵抗挫折和焦虑的能力都很差。其实不光青少年，就算成年人，在面对这样“得而复失”的情况时想必心中也会十分难受。世界上最残忍的事情莫过于在看到希望的时候，却被告知这是一个美丽的错误。但是，对于心智成熟、性格坚毅的成年人来说，我们接着会做什么？是抹着眼泪祥林嫂般到处哭诉，还是继续我们的生活？

答案显然是后者。因为战胜挫折、不断前进正是我们人类最可贵的品质之一。

其实，我觉得这正是你对孩子做挫折教育的最好机会，你要告诉孩子，生活中很多变化的确是我们没办法去把握的，事情也并不如我们的期望一样去发展。不如意和失望的过程，就是战胜挫折、完成自我超越的过程。面对失败和挫折，永不服输、永不言弃，跌倒了重爬起来，这就是对抗挫折的能力。

具体来说，有这么以下几点可供参考：

第一点，父母要树立挫折教育意识。

许多父母都认为，孩子心理承受能力差，应该对孩子保护有加。但事实上，一个人受点挫折，尤其是早期受一些挫折，很有好处。家长应正确看待挫折的教育价值，把它看成是磨炼意志、提高适应力的好方法。

如何提高青少年的抗挫折能力、培养良好的心理素质、增强个体的心理承受力，需要家庭、学校和孩子本人做长期不懈的努力。作为关心孩子心理健康的家长、教师来说，对青少年所受的挫折不能听之任之、漠不关心，更不能“雪上加霜”、一味埋怨批评，应该把挫折当成一个特殊的教材，给予青少年谅解、关心、帮助、鼓励与引导，尽可能让青少年从挫折中获得教益，把消极因素化解为积极因素，变被动为主动。

第二点，父母不要有意去给孩子设置一些挫折障碍。

是不是“经历了挫折就能学会承受挫折”？这个问题的答案显然是否定的。很多父母为了给孩子进行挫折教育，人为地给孩子设置一些挫折障碍，这是不必要的。在我们的生活里，不少人挫折经历了不少，非但没有学会积极正确面对挫折，而且越来越脆弱、焦虑、敏感。根据我的实践来看，如果人为挫折的方法用得过度，不但给孩子造成无谓的痛苦，而且会给孩子造成心理障碍。

其实，在孩子成长过程中，自然而然会碰到一些挫折，在这些挫折上让孩子明白挫折的积极意义也就足够了，大事和小事的道理是一样的。所以，我们从小事入手来学会应对挫折。当孩子拥有了面对挫折的积极心态，就会变得淡定、坦然、柔软，如同弹簧，虽然很柔软，但是能够较好地承受挫折的冲击力，而且比较轻松，不感到痛苦。如果一个人像石头一样坚硬，虽然看上去是硬朗的，但是没有弹性，其实是容易破碎、甚至脆弱的。所以《道德经》说：柔弱胜刚强。这一点，无论是成人还是孩子，同样适用。

第三点，父母要给孩子战斗的勇气。

有的孩子本来斗志昂扬，但在逆境中却易产生消极反应，最终垂头丧气，采取退避的方式。要改变这种现象，就必须在孩子遇到困难时，教育孩子勇敢面对挫折，向困难发起挑战。例如，当孩子登山怕高、怕摔跤时，就应该鼓励孩子说：“别怕，你行的！摔一跤算什么？”当孩子一次次战胜困难时，他们便会增添勇气，激起战胜困难的愿望，害怕的心理就会消失，自信心就会增强，抗挫折能力也就培养起来了。

第四点，在孩子失败后，要温情地鼓励孩子。

对孩子来说，家人的温情与支持是信心的来源。当孩子面对挫折的时候，父母要用温情去温暖孩子，对孩子进行引导，避免挫折对孩子的心灵造成伤害。

第五点，引导孩子多读一些伟人传记。

书籍是人类知识财富的总结，特别是通过阅读伟人传记，我们可以感觉到人生的过程就是不断战胜困难、战胜挫折的过程。和伟人比起来，我们遇到的困难和挫折实在算不了什么。伟人是在大海洋里与大波大浪搏斗，而我们的挫折，真的像在公园里划船时遇到的一点小浪。不经历风雨怎能见彩虹，只有勇于面对挫折的孩子，才能取得成功。

除了以上几点外，我还有三句箴言送给处在挫折焦虑里的孩子们：

1. 坏事也许能变好事。

“塞翁失马，焉知非福”，其实，这是一个很普通、很平常的道理，我们常常安慰他人的时候念叨这句话，但是很少有人把它变成自己的习惯性思维，所以当自己面临挫折和考验时，很难从沮丧情绪中走出来。

2. 也正常，没什么。

生活中的过高期望常常让我们无法承受失败的打击，事情也许并不大，而我们对它的看法夸大了它的影响，把它看得严重。比如，孩子考试失利从长期上来看，又算得了什么呢？在比赛中输掉，其实不也正常吗？世界上怎么可能有常胜将军呢？尽力就可以了……这样的减压方式，能很好地让孩子从挫折中走出来。

3. 一切顺其自然。

“三分天注定，七分靠打拼”，只要努力去做，在尽可能的范围内尽自己的能力，结果就顺其自然。很多孩子的脆弱、不能面对挫折，就是源于不能顺其自然，一定要赢，一定要做好。没有弹性，那么一旦失败，就走不出来。

尚阳讲故事

一位企业家很为他的孩子担忧。因为他的孩子已经十五六岁了，却因为在温室中长大，依然娇嫩柔弱，稍微遇到点困难就会放弃。于是他带着孩子去拜访一位教育专家，想请这位专家训练自己的孩子。专家说：“你把孩子留在我这里，3个月以后，我一定把你的孩子训练成真正的男人。”父亲同意了。3个月后，父亲来接孩子。专家告诉这位企业家，他的孩子已经蜕变了。专家安排孩子和一个空手道教练进行了一场比赛，以展示这3个月的训练成果。

教练一出手，孩子便应声倒地，但孩子随即站起来继续迎接挑战，但马上又被打倒在地，他又站起来……

就这样，来来回回了五六次。

专家问这位父亲：“你觉得你孩子表现怎样？”

父亲说："我羞愧死了！我想不到我送他来这里受训3个月，结果却仍然这么不经打，被人一打就倒。"

专家坦然地回答道："我很遗憾你只能看到这表面的胜负，你没有看到你儿子那种倒下去又立刻站起来的勇气和毅力。而这才是真正的男子汉气概啊！"企业家听到专家的话，顿时心悦诚服。

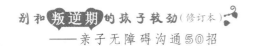

20 靠实力挣面子才是真的了不起

Q：

春节过后，孩子本来高高兴兴去上学的，结果回来一脸不高兴。原来，和几个小伙伴碰头以后，大家互相一攀比，孩子发现自己的压岁钱是最少的，所以很不高兴。我很恼火，因为送孩子进这所重点高中是去好好学习的，不是去比谁收到的红包多。我意识到这个问题很严重，但不知道如何更科学地教育她，所以特意请教尚老师。

A：

到了青春期，无论是男孩还是女孩，都有了竞争的心态。几乎所有青少年涉足的领域都存在各种类型的竞争和较劲。赢了，觉得自己有面子，满足了自己的虚荣心；而输了的那方则心生不平，总想找个机会扳回来。如果是积极意义上的竞争还好，而最令家长头疼的问题莫过于有些孩子热衷于比较消费、比较派头和面子。一些家长在向青少年心理咨询师讨教教育孩子的方法时，常常抱怨和指责孩子太喜欢比较，虚荣心过强。家长们总是搞不明白为什么自己的孩子会那么爱慕虚荣，甚至因为得不到自己想要的东西而大发雷霆，从教育的角度上看，孩子变得喜欢攀比，却与家长本身的心理特点与教育息息相关。

不少家长在孩子成长的过程中就灌输了攀比竞争的思想，既然学习成绩要比，行为举止要比，那么，为什么物质生活不能比呢？这对世界观还没健全的青少年来说，很难想明白。所以家长要从这个思想根源上做好工作。除此之外，浮躁的社会风气也起到了推波助澜的作用。

我认为，要想让孩子的虚荣心得以收敛，有五个关键点需要家长给孩子阐述清楚。

第一不要盲目攀比。人活在世上都想风风光光，但是，我们要正确地认识自己和他人。比较是人获得自我认识的重要方式，通过比较，我们能获得一些优越感，能更好地珍惜自己已经拥有的生活。然而比较要得法，知己知彼才能知道是否具有可比性。就如同游在水里的鱼儿和翱翔天空的老鹰，就完全没有可比性。同理，自己的家庭是普通工薪家庭，但同学父母是做生意的商人，如果非要在金钱上面比较，岂不是自己给自己找不愉快？知己知彼后，心理失衡现象就会大大降低，也就不会产生那些心神不宁、无所适从的感觉。

第二树立正确的服饰观念。作为青少年学生，应该使自己的形象更加符合一名中学生的身份。中学生正是学习的年纪，没有工作和收入，所有的经济来源都来自父母和家庭，自然不能与社会青年一样追求时髦，在品牌和奢侈度上和同学们较劲。青少年们需了解自己的使命是学习，而不是梳妆打扮；此外，不少俗称“杀马特”的青少年人群，自己觉得自己有着特立独行的一面，觉得十分潮、十分时髦，但在我们看来，却缺乏美的基本内涵，这也是没有树立正确服饰观念，没有对美的正常判断力。

第三树立适度消费的观念。适度，就是要适家庭经济条件之度，花钱要考虑到家庭的承受能力。作为心智逐渐成熟的青少年，应该有从家庭出发的意识。该消费的一定消费，比如身体发育需要的营养饮食、培育智力需要的有益书刊、符合中学生身份的衣物，该买的就买。而时髦地去穿、去吃、去玩，互相攀比花父母辛苦挣来的钱，是很不合情理的。这种消费行为的出发点是攀比，而不是实际需要。

第四是要抵制不利于健康的消费。有些青少年吸烟、饮酒、打牌，进营业性歌舞厅、玩游戏，觉得很酷、很有面子，满足了自己“成人化”的虚荣心。青少年应在修身、立志、促学、健体上下功夫，而不是把生命浪费在这些恶习上。也有调查研究表明，在普通的工薪家庭中，每月在孩子身上的消费约占家庭总支出的一半左右。同时，一些青少年的超前消费行为也让家长难以招架。这些虽然是一部分人的行为，但影响很坏，而且反映出的问题值得我们每一位青少年去深思。

第五是要在积极的竞争中不断超越自我。面子是靠实力挣来的，在正当的场合，用自己的实力获得他人的尊重，这样的“虚荣心”也有其优点。有些青少年不清楚品德、人格的重要意义，不清楚最受人尊敬的往往是人的人格。追求或显示虚荣仍然是庸俗的思想行为，他们遭到的往往是鄙夷的目光，而不是受到他人的尊敬。所以，应该学会重视自己的人格，清楚一个人的修养好、品行高尚，内心才是真正幸福的，高尚的理想情操才是人的真正生活追求。在充分了解自己的基础上，在学习、品德等积极方面鼓励自己敢于同比自己高、比自己强、比自己先进的人比，在竞争中超越自我。

有虚荣心不可耻，也不可怕，因为有时候“尊严”和“虚荣”只有一墙之隔。关键要明白在什么领域里获得他人的肯定，在什么方面和他人竞争。青少年应该用真知实学来充实自己，用真诚待人来完善自己，向家人、朋友、社会展现出健康积极的风貌。

尚阳讲故事

棕熊盖了一座高大挺拔的豪宅，森林里的动物纷纷去参观，个个都称赞：“这房子，真气派！”锦鸡非常羡慕，连忙回家，将自己的草屋拆掉，费尽力气修了与棕熊同样高大气派的房屋。

房子盖好后，所有的动物都前来祝贺。当大家赞叹时，锦鸡很是得意。

冬天到了，锦鸡住在自己冰冷的家中，缩成一团。不过，只要有人来看房，它便装作一副轻松愉悦的模样。

这时山雀来了，见屋内很冷，便劝道：“我们可没有棕熊那厚厚的皮毛啊！你得找个温暖的地方。”

锦鸡非但不听，反而振振有词地教育山雀：“山雀毕竟是山雀，你总跳不出自己的圈子，目光短浅，怎么能成大事，生活品质才是最重要的！”

天气一天天变冷，锦鸡一天天挨冻，但它只要一想起别人的赞美，便又无怨无悔，最终冻死在赞美声中。

21 输赢只一时，朋友一辈子

Q：

我家的孩子本来有一个好朋友一起上下学，最近我发现她开始独自一个人回家，仔细询问了以后才知道，原来最近班上评选优秀班干部，她的好朋友当选了，但是女儿却落选了，她心里有些不平衡，觉得很失落，所以这几天不想和这个朋友见面了。请问，面对孩子的这种嫉妒心我们作为家长应该怎么进行引导？

A：

根据研究，孩子嫉妒心理产生的原因可以从两个方面来分析：

从内因来看，这与孩子本身的认知有关。青少年的知识储备不多，眼界也并不开阔，他们眼里的直接竞争对手，就是自己的朋友或者同学，有的孩子当发现自己技不如人时，从心理上表现出一种恐惧与担心，在措手不及的情况下，他们想的不是如何通过正当手段超过别人，而是希望看到对方退步。

从外因看，家长的错误教育理念往往导致孩子产生嫉妒心理。有的家长讲究“赢在起跑线上”，所以在教育孩子时，将残酷的社会竞争观点提前灌输给孩子，把孩子的进退荣辱与别的孩子比较：“同样一个老师教，人家每次考试都比你好”“为什么老师表扬了这么多同学，就没有你”，家长或许是想激励孩子，但是这些话却往往让孩子感觉到，正是因为别人比自己强了，自己才受到家长的斥责，别人进步给自己带来的往往是惩罚。孩子由此逐渐产生了嫉妒心理。

针对你来信里的情况，我觉得情况并不太严重，孩子表现出来的，是正常的情绪。想必孩子如果真的无动于衷、无所谓的态度，作为家长又会暗暗担心孩子是否没有进取心了。不过作为家长，我们必须给孩子讲明白一个道理，那就是输赢只是一时，但朋友却是一辈子的。虽然在孩子眼里，现在最大的竞争对手就是身边的这些朋友同学，但当时光飞逝、岁月留痕以后，这些一起长大的朋友却是最大的财富。所以，孩子这次失败了，反而更应该和朋友相处，从朋友身上学习优点、提高自己，这不仅是个人风度的体现，也是友谊必须能经受的考验。

嫉妒心如同硬币一样，有它的两面性。美国得克萨斯州大学心理学博士菲利普·沃恩发现，嫉妒的好处是令你对嫉妒对象产生关注，增强对他们的记忆；但嫉妒的坏处是影响了你对其他事情的思考。把自己与别人进行比较是深层次的人性，比较之下会出现一系列情绪。

例如，阿光爱好弹奏吉他，每当他听到吉他高手弹出美妙的乐章时，第一种反应是佩服别人的造诣，第二种反应是希望自己也能弹得那么好。这就是良性的嫉妒，想要别人有的东西。第三种反应就带有破坏性了，看到别人弹得好，心里希望他倒霉。如果我们能有前两种反应，与别人进行比较之后以开放的心态对待，那么对我们自己来说，是种良性的进步，对他人也不会造成危害。

而一旦你选择了第三种反应，为了扯平你跟别人的差距，消除这种不良情绪，你就会贬低别人、抬高自己。

在竞争激烈、社会资源稀缺的今天，如果青少年不能控制和驾驭住嫉妒心，没有爱才和取人之长补己之短的健康向上心理，就很难成熟和完善自己、成就自己的事业，甚至往往会因生嫉妒心而患上心理疾病。

现在社会的主流意识教育我们，每个人都是特殊的。人总有一种要求成功的愿望，有一种超越别人的冲动，这正是社会所希望的。但是，有些青年在成功不了和超过不了别人的时候，产生了一种由羞愧、愤怒、怨恨等组成的复杂情感，嫉妒心一经产生如不加克制，便成了人生中纷扰的源泉：看到别人成功了，就生气、难过、闹别扭；听说别人强于自己，就四处散布谣言，诋毁别人的成绩；发现朋友不和自己玩耍了，却和别人亲如家人，就想方设法去施“离间计”等等。这样的嫉妒不仅妨碍了他人的生活，而且会给自己带来极大的心理痛苦。

心理学家认为，嫉妒产生于自己认为某种东西的丧失，主要是：面子、地位、自尊的丧失，同时还包括知识、情感及其他一些东西在内的需要不能得到满足。为了防止由嫉妒而产生仇视或挑衅性情绪，我们应当让自己心理平衡，学会一分为二地看待事物。我们遇事应当这样想：凡事都既有利又有弊。对失去的东西，应更多地想它的坏处。用这种方法找到心理平衡，给自己一个台阶，可能就不会嫉妒了。

当然，多数人产生的嫉妒情绪比较微弱，而且可以通过自己理性的思考来调整这种情绪，并且可以将它作为自己成功的肥料，让自己有一天光荣绽放。

尚阳讲故事

孔雀因为有着漂亮的外衣和身段，很是骄傲。但有一天，在森林的宴会上，当夜莺献歌一首后，所有的动物都疯狂地鼓起掌来。孔雀想起自己一唱歌就会被人笑话，顿时感到十分失落。

第二天，孔雀就跑去向天神诉苦："为什么我就没有一个好嗓子呢?"

天神对它说："别忘了，你的项颈间闪着翡翠般的光辉，你的尾巴上有华丽的羽毛，所以在这些方面，你是很出色的。"

孔雀仍不满足："可是在唱歌这一项上有人超过了我，像我这样唱，跟哑巴有什么区别呢?"

天神回答道："命运之神已经公正地分给你们每样东西：你拥有美丽，老鹰拥有力量，夜莺能够唱歌，鸟儿啊，都应该满足天神对你们的赐予。"

22 讲礼貌是对他人的尊重

Q：

最近我收到一个亲戚的短信，大意是：有一天，他来我家做客，和我家孩子单独相处的时候，孩子表现得非常没有礼貌，他感到十分难堪和不快，于是一回家就气愤地给我发了这条消息。其实，孩子不讲礼貌的问题，我早就发现了，比如他心情比较好的时候，就会表现得彬彬有礼，而有时候心情不舒畅、烦躁的时候就会很不注意礼节。记得有一次，孩子正在玩电脑游戏，刚好外面有快递叫门，我喊孩子去开下门，孩子非常不高兴，给快递师傅开门的时候不仅黑着脸不情不愿，还对快递师傅态度十分不耐烦，我当时就斥责了他，结果他气冲冲地回到了自己房间。孩子毕竟已经上初中了，不是小孩子了，他这样下去，我感觉迟早要出问题。请问专家，我究竟该怎么办才能让孩子改掉这个坏毛病？

A：

读完你的问题，我陷入了沉思，因为你孩子的问题不是个例，而是很多孩子的通病。现在的青少年，鲜有兄弟姐妹，基本都是独生子女，所以集万千宠爱于一身，从小在家长、老师们的呵护下长大。对事对物，他们往往是一不称心如意就会发脾气闹别扭，而家长看到这种情况往往心疼孩子，选择妥协。久而久之，养成了孩子一切以自我为中心、不受约束的行为习惯，理所当然地使孩子养成了蛮不讲理、丝毫不顾及他人感受的习惯。

你的孩子控制不住自己的情绪、对他人恶语相向、不懂尊重他人的情况，不仅是要改正的问题，还是一个关系他一生成长的问题。

早在 19 世纪，美国西部那些最终能安享晚年的神枪手们，几乎都是举止优雅、彬彬有礼的绅士，这似乎和他们的行为风格不符，其实答案很简单，这些聪明的神枪手都清楚：枪法再好，当你树敌过多的时候，也只有挨枪子的命，所以他们尽可能不去招惹不必要的麻烦，因此在日常生活中反而拥有优雅的举止。

现代社会，虽然礼貌和礼节不再是性命攸关的大事，却可能成为我们立身处世的法宝——也许只不过是一个微笑、一声道谢、一次举手之劳。

面对已经存在的问题，一次只解决一个问题、逐一解决每个问题，要比同时解决所有的问题好得多。欲速则不达，特别是礼仪和修养，如果你认为当务之急是教孩子学会说“请”和“谢谢”，那么，你在解决这个问题之前不要再去解决其他问题。

有专家认为，养成一个习惯需要 21 天，对于青春期的孩子，首先要从道理上让他们明白，尊重他人是成熟的表现。然后家长要通过自己的言行培养孩子的礼貌行为，告诉孩子礼貌的重要性以及怎样去做。你要根据孩子的年龄和发育阶段合理地提出希望，同时也不要低估孩子的能力。

具体的做法其实并不难，我们可以把这种过程分解为几个阶段：

第一步：对孩子提出期望和要求，同孩子促膝谈心，告诉他讲礼貌的重要性以及你的期望。人都是喜爱赞扬、讨厌批评的，所以鼓励孩子讲礼貌的最好方式就是随时对他的好表现进行表扬。人在愤怒的时候，并不知道自己有多面目可憎，所以在必要的时候，把举止粗野的人指给孩子看，让孩子从心里了解当自己不讲礼貌时，别人心里会怎么打量他。

第二步：做孩子的榜样，孩子最早是从家里学习礼貌的，如果孩子有效仿的榜样，他们很快就能学会。有的父母平时不太检点自己的言行，孩子受其影响，也学会了说粗话。这样的父母首先要提高自己的修养，经常反省自己，看看自己的言谈举止是否得当，为孩子营造文明、礼貌的语言环境；其次通过讲故事、做游戏等形式教会幼儿学用礼貌用语。如果父母偶尔再犯，那么就应该坦诚地跟孩子检讨："刚才是由于不高兴，说出了那句话，我们是不对的，你也不要学，今后我们谁都不说这种话了。"如果你对孩子或者他人的态度都不够礼貌，孩子怎么会乖乖照做呢？家长要求孩子做到的事情首先自己要能做到。

第三步：科学地纠正不礼貌的行为。如果孩子不礼貌的行为已成为一种坏习惯，家长们也不要过于焦急，亡羊补牢，犹未晚矣。首先我们要孩子练习正确的行为。这个方法可以使孩子意识到第一次就把事情做得好一些要更省事。比如，孩子没有说"请"字，你要让他用"请"字讲10句话，还可把"对长辈讲礼貌"列入孩子一天的行为要求中，如果孩子做到了，就一定要表扬，坚持下去，定会有成效；其次，适当的惩罚措施也并无不可，如果你的孩子对他人不讲礼貌，那么家长就可以拿出一些惩罚措施，比如他不改变行为就不能去玩自己心爱的玩具，或者，如果他在家庭宴会上坐不住，他以后就不能参加宴会。

也许有不少父母会问，孩子的模仿性强，有时候这些不礼貌、冲动的行为都是受了外界环境的影响，我们该如何帮助孩子呢？

青春期是一个问题多多的年纪，处于青春期的孩子模仿力强，生活在社会的大环境中，难免受到各种不良言行的影响，所以常常会带上一些戾气，有时候变得暴躁和难以交流。自古以来，防不如疏，家长要增强孩子的“免疫”力，教会孩子明辨是非，告诉他们：骂人、说粗话是不文雅的行为，顶撞侮辱他人更不是什么值得称颂的壮举。另外，父母要关注孩子周围小伙伴的情况，为孩子选择讲文明、懂礼貌的伙伴，以减少相互学骂人的机会，很多时候，小朋友之间发生了矛盾，就会以牙还牙，孩子受了欺负，往往借骂人来发泄自己的不满，在这个时候父母千万不能劈头盖脸地训斥一通，或袒护自己的孩子，而要耐心地进行说服教育，教孩子用谦让的态度来解决小伙伴之间的纠纷，并应明确表态，促使孩子改掉自己的不良言行。

尚阳讲故事

被称为“汉初三杰”的张良年轻时，曾计划要刺杀暴君秦始皇，失败后，他为躲避官府通缉，潜藏在下邳。

有一天，张良漫步到一座桥上，忽然遇见一位穿褐衣的老翁，那老翁见张良走近，便故意将鞋坠落桥下，让张良下桥去捡。张良很不高兴，但考虑到他是一位老人家，还是下去捡了。等张良把鞋捡上来交给老翁时，老翁又让他帮着把鞋穿上。张良十分生气，但还是礼貌地跪着帮老翁穿上了鞋。老翁没客气，笑眯眯地离开了，临走时留下了一句话："小子可教矣！5天后黎明时分在这里等我！"

张良这个时候意识到，这个老翁不是凡夫，于是5天后天刚亮，他就来到桥上，不料老翁早待在那里，见了张良便怒斥道："跟老人约会迟到，岂有此理。过5天再早些见我。"说完就离去了，张良意识到自己的不对，于是5天后，鸡刚打鸣，他便匆匆地赶到了桥上，可是不知怎么的，他还是比老翁来得晚。老翁这回更不高兴了，只是重复了一遍上回说的，就拂袖而去了。这下张良可有点急了，为了保险，他索性觉也不睡了，在午夜之前便来到桥上等着。一会儿老翁来了，见着他便点头，从身上拿出一本书，很神秘地说："你读了这本王者之书，就可以做帝王的老师了！"交代一番，便飘然而去。

张良打开书一看，原来是一部兵法书，张良特别高兴。后来张良学会了很多兵法，成了著名的军事家，辅佐刘邦成就了一代霸业。

学习篇

和孩子一起培养学习能力

开篇小语

学习不仅仅是孩子自己的事

不管我们如何强调素质教育，也还是不得不承认，在高考棒的指挥下，孩子的学习成绩还是非常重要的。孩子学习成绩优异，就能接受更好的教育，接触到更好的良师益友。

但是，很多家长都有这样的困惑：明明已经给孩子提供了最好的学习条件，孩子的学习成绩还是上不去。这个问题其实并不难解答，因为这些家长把学习看作是孩子的事情，而把自己当作一个旁观者，这实在是一种很错误的认知。

有的家长不服气，难道要我替孩子学习读书识字吗？没错，随着时代的发展，越来越多的家长认识到了教育的重要性，也确实给孩子创造了很多很好的学习条件：为孩子选择更好的学校，给孩子花高价报各种培训班，为孩子买一大堆工具书。多数家长做完这些之后，就“高枕无忧”了，以为已经给孩子提供了能提供的一切东西，剩下的，就是孩子自己的问题了。可是，家长们有没有想过，只靠这些物质条件孩子就能好好学习吗？孩子们真正需要的又是什么？学习就只是把孩子放在学校就行了吗？

事实上，学习不只是孩子自己的事情，而是父母和孩子共同的事情。试想，妈妈整天打麻将却把孩子关进屋里做功课，爸爸喜欢打游戏却让孩子背单词，孩子怎么可能会好好学习呢？父母是孩子的第一任老师，也是孩子模仿学习的榜样。如果父母自己不要求自己，而是一味地要求孩子好好读书、好好学习，说服力是很低的。

现代社会生活压力大，很多家长下班回家后总想好好休息一下，放松放松，这也可以理解，但别影响孩子学习。比如很多家长都习惯于吃晚饭的时候就催促孩子吃完赶紧做功课，但孩子一打开课本，他们就打开电视开始看热播剧，或者叫上朋友一起喝酒聊天。这样一来，客厅里电视哇哇叫，吃喝玩乐声音此起彼伏，孩子却被“困”在屋里写作业，他能学得进去吗？他说不定心里就会这么想：“凭什么爸爸都能看电视跟朋友玩，我却要在这里写作业？”

除此之外，现在的学校里学生很多，所以老师通常难以顾及每一个学生。孩子在学校这个小社会里有自己的喜与乐、忧和苦，父母是他们最好的倾诉对象。父母多给孩子留一些相处的时间，无论是帮助孩子补习功课，还是给孩子实打实的鼓励和关怀，都能让孩子感受到父母暖暖的爱，能更有动力去学习。并且，父母如果有能力去解决孩子百思不得其解的难题，也能让孩子更加钦佩和尊重自己的家人，家庭关系也容易变得融洽。

家长们只有认识到学习不仅仅是孩子一个人的事情，而应该和孩子一起培养学习能力、共同进步，才能让孩子从心底里体会到学习的重要性和乐趣，也才能真正爱上学习。家长们，从现在开始，和孩子们一起成长吧！

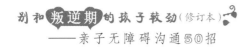

23 自学能力比学习成绩更重要

Q：

我女儿一直都很听话。平常上学，我都会给她制定详细的时间表，将需要完成的学习任务一一列出来。我一直以此为傲，女儿的成绩也一直非常好，每次都是班级里的前十名。没想到，上个月我身体不舒服，在医院住了一个月，回家后，发现女儿的成绩竟直线下降，家庭作业也做得乱七八糟，简直气死人了。以前我在的时候她的作业都做得很好呀，怎么我才不在家一个月就成这样了呢？请老师给分析分析。

A：

很多家长都遇到过这种情况：孩子在有家长监督指导的时候，作业和成绩都做得很好，可一旦有一阵子不管他，成绩马上就降下来了。其实，这是孩子没有自学能力的表现。

生活中，我们常说一个人自学能力很强或自学能力很差。那么，到底什么是自学能力呢？

自学能力，其实就是指在没有教师和其他人帮助的情况下自我学习的能力。自学能力比学习成绩更加重要。对孩子来说，自学能力就好比是“渔”，是学习的本领，而学习成绩却好比是收获的“鱼”。家长们要教给孩子的，是如何捕鱼的本领，而不是直接捕到的鱼。

对孩子自学能力的培养并非一朝一夕就能实现的，而需要家长用科学的方法、恒久的耐心长期坚持。具体来说，在培养孩子的自学能力方面，家长需要注意以下几点：

第一点就是要培养孩子学习钻研的兴趣。只有对学习产生浓厚兴趣，孩子才愿意主动学习。要实现这一点，家长就需要细心观察，发现孩子在学习上的兴趣所在，然后想办法调动孩子学习的积极性。

生活中，家长要鼓励孩子多思好问，引导孩子从多角度分析问题，逐步培养他们求异的思维能力和创造能力。辅导孩子学习时，家长也要采用多种不同的方式，利用工具书、自己潜心思考、在网上搜索、去图书馆查询等，让孩子体会到不同学习方式带来的新奇感，并从中体会到攻克难题后的喜悦。

第二点就是要让孩子独立思考和探索。孩子自学能力的养成与家长的家庭教育态度有很大关系。如果家长对孩子过于保护，对孩子的任何事情都亲力亲为，那么一旦孩子离开了家长，就会变得“不知所措”，成绩一落千丈。因此，要培养孩子的自学能力，家长就必须放开手，大胆地让孩子进行独立思考和探索，用启发的方式指导孩子自己动手。

例如，鼓励孩子安排自己的学习、分析自己的学习状况、积极思考好的学习方法，在生活中也可以和孩子经常进行讨论、探讨，让孩子去感悟、领会、理解、掌握。

第三点就是家长要经常对孩子进行表扬和鼓励。孩子年龄小，认知能力有限，因此不要对孩子提出过高的要求，以免孩子因此产生挫败感而厌恶学习。另外，父母也绝不要说孩子太笨，不如别的孩子等，这样只会让孩子更加厌恶学习。父母及时的肯定和鼓励对培养孩子的自信心非常重要。细心观察的家长都会发现，孩子其实非常好“哄”，你告诉他他做得很棒，他就会特别开心、非常骄傲，争着抢着做更多的事。

第四点就是要给孩子找一些学习伙伴，让他们共同学习、共同进步。给孩子找个学习伙伴，在他们互相学习的过程中，孩子可以发现自己的不足，并且产生较强的好胜心，增强学习的斗志。需要注意的是，孩子的学习伙伴一定要是一个认真学习并且有志气的人，这样他们在一起才能产生积极效应，激发出更大的学习动力。

除了我讲到的这几个方面外，培养孩子的自学能力，最重要的还是要掌握正确的学习方法。下面是我总结出的一些方法，家长们不妨试验一下。

第一就是知识分解法。一个学科的内容是由很多知识点构成的，只要这些小的知识点能掌握，整个学科也就能学会了。因此，家长可以教孩子把需要掌握的内容，从该学科的整个结构出发，分解成一个一个的小知识点，然后再具体分析这些知识点都针对哪些问题，由此来理解教材分析和解决问题的思路。只要思路理清了，这个知识点也就掌握住了。

第二就是知识整合法，也就是学会“从点到面”。这一点说的就是将那些零散的知识点重新搭建起来，组成整个学科的内容。这一点的核心内容是，要学会根据小问题之间的联系，组织成大的问题，并用系统的方法，层层构建，完成对知识点的整合，最终形成对这个学科的整体知识掌握。

第三就是善做笔记法。做笔记是学习过程中非常重要的技巧，很厚的一本书，做好笔记之后马上就变成一本比较薄的书，复习起来非常方便，前后知识点查阅对照时也非常快捷，家长监督起来也很省事。因此，教会孩子做笔记，是让孩子拥有良好自学能力非常重要的一个环节。那么，该怎么做笔记呢？

家长可以这样教孩子：先给课本上重要的知识点画上红线，然后把画红线的这部分内容记在笔记本上。书写能加深孩子的印象，还能帮助孩子理清知识点。复习功课时，参照着笔记本来看，笔记本上重要的内容给画上红线，不熟悉没有掌握的内容再摘抄在小笔记本上。最后再把小笔记本上记不住的内容要点抄在小纸片上，把小纸片放在口袋里随时查看。这样层层分解之后，不但所有内容都能掌握，而且那些重要的难记的内容也能掌握了。

在运用这些方法的时候，家长切不可心急，一开始不要强求孩子能学到多少知识，重要的是孩子能慢慢掌握这些方法。这样在以后的学习中，他就会熟练运用这些方法解决问题，而不是每一次都需要家长亲自指导安排。

另外，在一开始自学的时候，一定不要让孩子贪多，不要想着多做题目就能掌握内容。好的自学能力体现在举一反三、融会贯通。这样一来，孩子才真正掌握了“捕鱼”的本领。

以上这几点，家长在具体运用时还要具体问题具体对待，如对那些学习成绩较差的孩子，就要适当降低要求，放慢进度，练习的形式要多样化，让他们在学习上顺利爬坡。

自学本质上是培养学习的能力，让孩子学会如何自我学习，等到他的自学能力提高之后，自学的速度自然就会跟上来。有能力的家长一定要及早培养孩子的自学能力，使孩子在以后各种层次的竞争中立于不败之地。这才是教子成才最重要的经验之一。

尚阳讲故事

一个猎人到森林里去打猎，要准备猎枪和干粮。如果一个学生在学校里只知道积蓄知识，而不懂得与此同时掌握获得知识的方法和技巧，那么，等他以后走上工作岗位就像猎人打猎时只带了干粮没带猎枪一样。没有猎枪，干粮带得再多，也有吃完的一天。但是如果有一支猎枪并能运用自如，那么还愁没有吃的吗？

24 没有学习兴趣怎么办

Q：

儿子升入初中以后，成绩一直不太好。平常在家，一让他做作业，他就愁眉苦脸，一点精神头都没有。可一旦作业做完，他马上生龙活虎，精神得不得了。他的班主任也跟我反映，说这孩子上课总是一副心不在焉的样子，还老是打盹，而一下课却活力十足，又是跟同学打闹又是踢球打球。老师说，这是没有学习兴趣的表现，这样下去，孩子的学习很难取得好进展。尚老师，这真的说明我们家孩子对学习没有兴趣吗？要真是这样，孩子还能学习好吗？请尚老师一定给指点指点。

A：

很多家长对孩子的学习问题非常头疼，因为孩子总是对学习不感兴趣，相反却只对玩感兴趣，整天就想着上网、打游戏等，似乎永远玩不够。面对这样的现状，家长们头疼的同时又不免疑惑，如果孩子对学习不感兴趣，那是不是就没办法让他好好学习了呢？

家长们首先要明白的一点是，这个年龄段的孩子贪玩是很正常的。鲁迅先生曾经说过："玩具是儿童的天使。"可见孩子都是比较喜欢玩的，对他们来说，玩比学习有趣多了，他们当然会喜欢上有趣的东西，也就不知不觉在玩儿上花的时间更长。可这也说明了一个问题，就是孩子觉得学习没意思，没有吸引力，一点儿都不好玩。

我们很多家长从小就狠抓孩子的成绩，放学后完成多少作业、每天做多少课外练习、每周都要上补习班等等。可实际上，这些略带强制性的措施不但不能使孩子喜欢上学习，还会让孩子对学习产生厌恶。真正能吸引孩子的东西，是趣味性的学习，是让他感受到学习是件有意思的事，而不仅仅是枯燥的做题和父母口中的"好成绩"。

从教育心理学的角度来说，兴趣是一个人倾向于认识、研究获得某种知识的心理特征，是可以推动人们求知的一种内在力量。学习兴趣是孩子对学习对象的一种力求认识和趋近的倾向，这种倾向是和一定的情感联系着的。一个学习兴趣浓厚的孩子，对各种现象和问题都会产生惊异感。在学习过程中，他会倾注自己的全部热情，兴致勃勃、津津有味地去钻研，甚至达到痴迷的地步。而在学习之后，他会产生强烈的满足感，觉得书本是他的良师益友，自己从中得到了启发，并且心情愉快。所以说，学习兴趣才是孩子成长的"起点"。

很多家长担心，孩子对学习没有兴趣了，是不是就学不好了？这个其实不用担心，因为学习兴趣是可以培养的，不是一刀切的。孩子对学习没有兴趣，是没有找到让他产生兴趣的地方，此时就需要家长想些办法来帮助孩子找到兴趣所在。那么，家长到底该如何提升孩子的学习兴趣呢？

首先就是要发挥父母的榜样作用。所谓言传不如身教。家长是孩子最好的老师。家长可以和孩子一道学习，陪着孩子读书，了解课堂上讲解的知识点，并且适时地学习新知识、与时俱进。这样，才能在孩子需要帮助时及时提供正确帮助，也才能让孩子从你们身上感受到实实在在的学习乐趣。

再次就是要多鼓励孩子，少指责打骂。孩子都有自尊心，都喜欢听表扬的话。当孩子的点滴成绩被大家认可时，他会感觉特别自豪。家长不要放过每个表扬孩子的机会，如孩子在看书，可以说："哎呀，我儿子（女儿）真乖，知道自觉学习了。"如果孩子好动，可以对他说："你是个聪明的孩子，如果改掉某某缺点，你就是最棒的。"每次孩子取得一点成绩后就表扬他，让他感受到成功的喜悦，他就会知道成功是多么快乐，下次也就会照样去做。像这样温和的表扬方式很容易被孩子接受，孩子也不会因为一次成绩不好而对学习失去兴趣。

另外就是让孩子以自己喜欢的方式来学习。把枯燥的做题过程变得生动有趣，是让孩子爱上学习的一个好方法。家长可以跟孩子玩成语接龙游戏，或者用扑克牌做算术，或者让孩子选择他想要的学习方式。这样的方式，不但能调动起孩子对学习的兴趣，心情愉快地学习还能让孩子学得更轻松。

最后是家长可以从孩子的特长出发激发出孩子的学习兴趣。每个孩子都有优点，有自己擅长的某一方面。家长可以挖掘出孩子的这些"兴趣点"，趁机培养孩子的学习兴趣和毅力，让孩子对学校的学习产生兴趣。

兴趣是最好的老师。带着兴趣去学，孩子会事半功倍。没有兴趣勉强或强制性地去学，孩子感觉疲惫不堪，成绩也可能上不去。明白了这些，相信担心孩子学习不好的家长们可以马上着手准备培养孩子学习兴趣的方案了。家长们，为了孩子，加油吧！

尚阳讲故事

2005年12月2日，百度在纳斯达克上演了完美风暴：一天之内股价上涨五倍多，每股价格为80美元。随着百度在一夜之间成了全球的聚焦点，百度CEO李彦宏成为2005年中国最具人气的10位企业家之一。而综观李彦宏的成长路，可以发现，他正是凭借着自己的兴趣走上成功之路的。

1987年，李彦宏考入北京大学图书情报系，两三个月的大学生活过后，李彦宏感到所学的专业跟他理想中的专业相差甚远，他喜欢计算机，于是他经常去计算机系旁听一些专业课程。后来，他想出国留学，便买来一大堆托福的书勤学苦读。大三下学期，李彦宏通过了托福考试，开始着手申请留美学校。他的理想是加州伯克利分校、斯坦福大学，但是这些名校不招收来自中国大陆的计算机学生，此时，布法罗纽约州立大学却向他伸出了“橄榄枝”。

1991年圣诞节，李彦宏登上了从北京飞往美国洛杉矶的飞机，去布法罗纽约州立大学攻读计算机硕士学位。因为对计算机有着近乎痴迷的兴趣，所以李彦宏很快就在这方面表现出了天分，并取得了令人瞩目的成就。

25 怎样纠正孩子偏科的问题

Q：

我的孩子学习上偏科特别严重，语文学得特别好，但数学很差，所以整体学习成绩也一般。我为此很着急，不知道怎样才能帮到他。希望能得到尚老师的指导帮助。

A：

很多孩子在学习过程中会出现偏科现象，甚至有些成绩很好的孩子也会偏科。偏科指的是在学习学校文化课程的过程中，某一门或者几门功课成绩特别好或一般，同时剩下的功课成绩特别差或较差。家长们要解决孩子的偏科问题，要先弄清楚造成孩子偏科的原因。

简单来说，孩子偏科有以下两个原因。其一就是孩子不喜欢哪个老师，就不学习哪门课程。孩子如果不喜欢某个老师，往往也不喜欢那个老师所教的学科，久而久之，学习成绩就会下降，成绩下降又会丧失掉对学好这一学科的信心，这样就导致了恶性循环。

那么，孩子为什么会不喜欢某个老师呢？这个问题要从两方面来讲。首先是因为老师自身。我们知道，虽然说教师是很神圣的职业，但在教学的过程中，难免有一些老师无法做到公平、公正地对待所有孩子，甚至有些老师会对表现不好的孩子说出一些讽刺、挖苦甚至侮辱的话，这无疑会让孩子对老师有成见。孩子不喜欢这个老师，当然不愿意学习这一学科了。

另外，老师工作上的失误也容易导致孩子不喜欢这门学科。有些孩子的内心是十分敏感和脆弱的，如果某次老师在管理教学的过程中，无意识地伤害了孩子，那么孩子就可能因此讨厌这个老师，进而也不愿意上他的课。

孩子不喜欢老师的另一个原因则在孩子自身。不知道家长发现没有，中学阶段的孩子往往会有一些很矛盾的行为，有时候很独立，有时候又特别依赖人。这其实是这个年龄段孩子的正常心理发展，他们正处于由依赖性向独立性过渡的阶段。这样的心理导致孩子有时候会比较偏激。如有的孩子看老师长得不帅或不漂亮，就不喜欢这个老师，处处跟这个老师作对，故意不好好学习他的课程。

另外，当有些孩子因为没达到父母的要求或学习压力太大，就会为了逃避而开始厌恶学习。此时，他们会故意说老师讲课啰嗦，老师行为让人烦等，或自己找碴和某老师闹矛盾，借机不学习这一科目。这样的情形虽然并不是孩子真正想要的，但他老是这么做，成绩肯定会受影响。一段时间之后，他想赶也赶不上，就会越来越破罐子破摔。

孩子偏科的第二个原因在于学习兴趣。孩子对某一科目的学习没有兴趣，这一科目必然就学不好。这个原因要分几点来讲。

第一点就是孩子自控力较差，学习完全按照感觉来，感觉好玩的、喜欢的学科，就很愿意学，甚至夜以继日地学；感觉不好、不喜欢的学科，就一眼都不想看，看到了就讨厌。重要的是孩子还不知道采取措施控制这种习惯，任其发展，最后就变成喜欢的学科学得很好，不喜欢的学科一塌糊涂。

第二点是孩子的学习曾经遇到过挫折，由此失去了兴趣。可以说每个孩子都不会天生就对哪一学科不感兴趣，之所以讨厌学，恐怕就是兴趣被破坏了。例如，升入初中以后，偶尔的一次数学没考好，孩子受到了老师和家长的连番批评甚至体罚，这就可能给孩子学习数学带来心理上的阴影，进而破坏他对数学的兴趣，成绩当然更差。而更差的成绩换来的又是家长和老师的责罚，如此循环，孩子的兴趣最终会荡然无存，信心全无。

根据我上面分析的这些，家长们可以对照自己的孩子看一下，看看造成孩子偏科的原因属于哪一种，然后对症下药。下面我要说的，就是解决孩子偏科问题的一些方法。

第一点是要帮孩子调整心态、树立信心。偏科首先要解决的是心态问题，只有心态调整好了，孩子才会主动地、心甘情愿地跟家长一起克服偏科问题。具体到方法上，家长可以跟孩子分析老师的教学方法，找出孩子不适应或不喜欢的地方，然后予以解决；针对孩子不喜欢老师的情况，家长可以多跟孩子沟通，教导孩子正确对待别人，不要以貌取人；对学习遭遇挫折而信心不足的孩子，家长们可以让孩子采用心理暗示法暗示自己“加油，我一定能行的!”家长们一定要耐心对待孩子，具体问题具体分析，找出孩子偏科的原因然后对症下药。

第二点就是要培养孩子对学得不好的学科的兴趣。如果孩子对数学不感兴趣，那么家长就可以经常找一些数学名人的故事或者趣味数学题给孩子看。还可以经常让孩子帮忙算账、买东西付钱算钱等，这些都有助于孩子对数学学习兴趣的培养。

第三点是要循序渐进，掌握科学的学习方法。学习方法对了，孩子学习起来才会更快捷，也才更省力。

具体来说，正确的学习方法第一要素就是要循序渐进、由易到难。对孩子学得不好的科目，不要一上去就给孩子做太难的习题，这样很容易摧毁他的自信心。正确方法是先从一些简单的习题入手，牢牢掌握课本上最基础的知识，然后再适当提高题目难度。

其次就是时间上要从短到长。凡孩子不感兴趣的学科，不要一开始就投入大量的时间，这样会增加孩子的烦躁与厌倦。正确做法是，按照学习目的制定出一份时间表来，将学习时间详细分配。比如今天只复习英语的一小节，时间不超过半小时，在这半小时里就全神贯注地学英语。半小时之后，可以换一个别的科目来学习。通过慢慢的学习，孩子对差的科目的学习兴趣就会慢慢增长起来，成绩也就慢慢提高了。

再次是要找出差中之差。有时候，孩子某一学科学不好往往是因为其中某一点或几点的问题，并非对所有问题都一无所知。因此，帮孩子找出这个差中之差是非常关键的。建议家长们详细查看孩子这一学科的学习，对孩子进行一个考察，找出这个差中之差，然后再来一个强化或突击性的训练，在短时间内让孩子有一个较大的提高，从而使孩子增强自信、提高兴趣。

最后就是经过一段时间努力后，家长要给孩子来一个摸底考试。具体做法是，家长可以从老师那里找一份最近所学知识的试卷，或者让老师根据孩子最近的所学出一份试卷，然后让孩子像真正的考试那样做一遍。做完后让他自己对着答案打分，看看自己这一段时间学得怎么样。如果考得不差，那说明孩子这个较差的科目现在已经不差了，孩子就会充满信心。如果考得不太好，家长就要跟孩子一起查漏补缺，再接再厉。

孩子在学习中发生偏科现象并不可怕，只要家长细心帮孩子查找原因并采取恰当的方法解决问题，孩子一般都会从烦恼中走出来，顺利完成学业。但话说回来，如果有些孩子的偏科问题实在解决不了，家长也不要过于强求，毕竟现代社会对人才的需求是多样的，偏科的孩子不一定就没有成就。家长们能做的，就是尽量帮助孩子，让他成为一个有特长、有实力的人。

尚阳讲故事

著名历史学家吴晗，小时候就是一个偏科的孩子。1930 年，吴晗报考北京大学时，国文、英文各得了一百分的满分，但数学却考了零分，北大不予录取。他不甘心，又转考清华大学，结果国文、英文又考了一百分，数学依然是零分。幸运的是，清华大学经过慎重考虑，毅然决定破格录取他为历史系学生。

结果，吴晗果然不负众望，成为我国著名的历史学家、明史专家，其杂文《谈骨气》还入选中学课本，至今被人们广为传颂。

偏科并不可怕，有些偏科甚至能成为一个人成功的关键点。面对偏科，合理对待、用心克服，如果克服不了，那就好好发挥偏科优势，也不失为一条成功的路径哦。

26 和孩子一起实施学习计划表

Q：

我们家孩子很勤奋，每天回来都按时做作业，周末别人出去玩，他也在那儿做功课。可是他的成绩却一直上不去，总是在中等偏下徘徊。而我们邻居的女儿，整天见她在外面玩，周末不是去爬山就是参加什么活动，真是一点儿也看不出来对学习用功啊。可是人家的成绩一直都是班里前五名。我实在是想不通，为什么我们孩子那么用功，成绩却上不去，而邻居的女儿她那么贪玩，成绩却那么好？请老师一定给解释解释。

A：

现实中，我们常看到很多孩子非常踏实用功，但成绩就是上不去。有些家长会觉得是孩子太笨，甚至会直接骂孩子太笨。可实际上，聪明和愚笨并不是孩子成绩好坏的决定性因素。常言道“勤能补拙”，再笨的孩子，通过正确的学习方法、勤奋努力，都会取得好成绩。那么，孩子成绩不好的原因到底出在哪里呢？原因可能就是孩子的学习没有计划。

做任何事情，都要有计划，学习也一样。对孩子来说，有计划地学习比无计划乱学好得多。为什么这么说呢？我总结了有计划学习的几个好处，家长们可以先看一下。

第一就是学习的目标非常明确，实现学习目标也有保证。所谓有计划学习就是规定在什么时候采取什么方法步骤达到什么学习目标。通常，短时间内要达到一个小目标，长时间要达到一个大目标。在这样的“长计划、短安排”下，孩子的学习就会一步步由小目标走向大目标。

第二就是可以恰当地安排学习任务，使学习过程变得井然有序。有了计划，孩子就能把自己的学习管理好，什么时候做什么功课、多长时间核查一次学习任务或者做一个总结，看看自己有哪些进步，有哪些还需要改正的，这样孩子就能发扬优点、克服缺点，不断进步。

第三就是能培养孩子良好的做事习惯。当孩子习惯了有计划学习之后，他就会自然而然地把这种行事风格放到其他事情上，让生活变得井然有序。这样的好习惯，对孩子今后的生活工作都非常有好处。

看完上面我提到的这几点，家长是不是有一些明白，孩子为何很努力成绩却上不去呢？原因可能就是孩子的学习没有计划，不懂得合理分配科目和时间。那么，家长该怎样帮助孩子有计划地学习呢？制定学习计划表是关键环节。

所谓的学习计划表，简单来说就是把学习任务事先以表格的方式列好，然后按照计划来执行。一份好的学习计划表有助于孩子把握整个学习过程的目的、内容、方法和时间安排，还能让孩子排除干扰、坚持学习，不仅学得主动而且卓有成效。那么，家长该如何帮孩子制定学习计划表呢？通常，一份好的学习计划表都要包含以下几个方面内容。

第一是自我分析。家长要先帮孩子进行自我分析。自我分析就是要找出自己的优势和劣势，分析自己的学习现状，给自己在班级中排一个名次，是“好”“较好”还是“中”“较差”。只有先确定出自己的现状，才能进一步确定标准，然后通过对比检验学习计划表的实际效果。

第二是确定学习目标。没有目标的学习犹如大海中的航船没有灯塔导航。家长需要注意的是，帮孩子制定的学习目标，一定要明确、具体，方便实施也利于验收和检查，如哪一门功课需要重点学习、每天保证学习多长时间，等等。目标适当则需要家长协同孩子根据孩子自己的实际情况设定一个经过努力可以达到的目标。目标太高，实现起来难度较大，会打击孩子的积极性；目标太低，孩子很轻易就完成，会失去制定目标的意义。

第三是要科学安排时间。能否科学合理地安排时间，是孩子的学习计划能否顺利实施的关键因素。科学安排时间，就是既要考虑学习，也要考虑休息和娱乐；既要考虑课内学习，还要考虑课外学习，同时还要考虑不同科目的时间搭配。比如，有些孩子早晨头脑清醒，适合记忆和思考；有些孩子则是晚上精神抖擞，能完成更重要的学习任务。再比如，学习过程中要交叉安排科目，复习一会儿英语后转为复习数学，而不是盯着一个科目一直看好几个小时。

第四是要合理安排各项学习内容。例如，在孩子精神最集中的时候，可以让他学习较难的科目；在孩子注意力难以集中的时候，让他学习一些相对轻松的科目。学习枯燥的科目时，可以建议孩子听一些轻松的音乐等，以此来调节他的大脑。

第五是计划要丰富全面。学习计划表针对的不能只是学校里的各种课程，还要有多种多样的活动。家长在帮孩子安排时间时，不但要安排出学习的时间，还要帮他安排出锻炼身体、参加集体活动等的时间。这样丰富的安排能让孩子保持旺盛的学习精力，感受到生活的充实，由此对学习更加有激情。

第六是学习计划表既要有长计划，也要有短计划，并且要根据计划的执行效果随时调整。这里说的长计划，就是较长时间内要实现的目标，如半年目标、一年目标；而短计划则是短时期内就要实现的，如今天、这个星期等。此外，家长要时时关注孩子的计划执行情况，如果发现孩子提前完成了任务，或者任务完成过程中出现了较大困难，就要及时对计划做调整，以免浪费时间或者孩子长时间完不成任务而沮丧。

方法对了，事情才能做成功。希望担忧孩子成绩上不去的家长，能仔细分析下孩子学习不好的原因，看是不是因为孩子学习没有计划。如果确实是，那么家长就可以根据我这一节讲述的内容，和孩子一起制定并实施学习计划表了。预祝各位家长顺利完成这个任务。

尚阳讲故事

在中国教育界作为经典案例的哈佛女孩刘亦婷是一个传奇，像她一样“搞定”课堂和考场是每一个中国优等生的梦想。而刘亦婷就是一个学习很有计划的人。

拿写作文来说，刘亦婷认为，写作文的时候，即使你有很多话要说、有很多材料要写，如果事先不编提纲，而是想到什么就写什么，这样写出的文章往往结构松散、条理不清。

如果你能事先大略考虑一下：哪些材料先写，哪些材料后写；哪些材料要写得详细，哪些材料可以简略；文章分几层意思来说，前前后后怎样连贯起来等，事先列出个纲目，那么，写起来就比较顺利，往往可以做到一气呵成、顺理成章。

所以，编写作文提纲，有助于理清思路、巩固记忆，使你不至于把原来准备写的某些内容忘掉，避免想到哪里写到哪里，又可以把作文写得重点突出、条理清楚。

正是凭借着这样一种有计划学习的习惯，刘亦婷顺利考入世界名校哈佛，成为众多学子羡慕的对象。

27 小心，有种典型状态叫“发呆”

Q：

上初中之后，儿子的成绩有些下降，老师多次和我说他上课总是发呆，不爱动，也不爱写作业。碰到提问他问题，他也好像不知神游到哪里去了，叫半天才有反应。这样子发呆是毛病吗？该怎么帮孩子调整呢？请老师给分析指导下。

A：

日常生活中，我们每个人都会发呆，也都有发呆的时候。

心理学研究证明，发呆是人的大脑对外界事物进行调节的一种应激反应，属于正常人的一种心理调节。偶尔发呆无伤大雅，还能帮助人们减轻疲劳，对大脑来说是一种很好的休息。

这里我们说的发呆多针对成年人，成年人拥有一定的自控能力，可以把发呆当作一种休息和调节。但对小学初中阶段的孩子来说，经常发呆就是注意力不集中的表现，不但会影响孩子学习，还可能造成其他心理上的问题，因此家长要格外注意。

好动、坐不住、无精打采、心不在焉，或想入非非、老是走神、粗心、马虎、做事没效率、差错多；爱拖沓、爱发呆、磨蹭、一心多用、有始无终……家长如果发现孩子出现这些症状，就表明孩子开始有了注意力不集中的情况，就要赶紧找原因帮孩子解决。

一般来说，孩子注意力不集中由几种原因导致。小学、初中阶段的孩子大脑发育还不完善，神经系统兴奋和抑制的过程发展也还不太平衡，因此自制能力比较差，常常表现出注意力不集中的情况，这属于生理原因。孩子存在轻微的脑组织损害、脑内神经递质代谢异常，或者孩子有听觉或视觉障碍都会导致孩子注意力不集中，充耳不闻、视若无睹，这个就是病理原因了。

这两个原因之外，环境因素也起到了很大作用。如今人们生活水平提高了，各种各样好吃的东西目不暇接，很多孩子都喜欢吃各种糖果，喝含咖啡因的饮料或者掺有人工色素、添加剂、防腐剂的食物。这些东西会不知不觉地刺激到孩子的情绪，从而影响上课听讲的专心度。当然，如果孩子长期处在嘈杂、喧闹的地方，注意力也会不自觉地被分散，久而久之形成爱发呆的习惯。

还有一个原因家长们也应该知道。这个时期的孩子开始有了心事，因为一些事情而渴望引起他人的注意、得到关注，或者为了逃避父母给予的过重的学习压力等，也会下意识地经常发呆。这个就需要家长细心观察，耐心跟孩子沟通交流。

了解了孩子发呆的原因和各种情况，家长们才能对爱发呆的孩子有个较清晰的了解，接下来要做的，也是最重要的，就是如何帮助孩子克服发呆、注意力不集中的症状。

第一，教导孩子早睡早起、自我减压。家长应该教导孩子尽量利用白天时间学习，提高单位时间的学习效率，而不要熬夜贪黑。良好的作息能帮助孩子保存体力，拥有更充沛的精神，而不是整天昏昏沉沉、无精打采。此外，家长还要自动给孩子减压，告诉孩子不要过于在意成绩，只要努力做好自己就行。这样一来，孩子学习时就能心里轻松、心情愉快，注意力也就容易集中了。

第二，让孩子明确目标、用好方法。家长要根据孩子的实际情况，帮助孩子明确学习目标，并且给孩子提供一些学习的好方法。这里，我就给家长们提供一些有助于训练孩子集中注意力的方法。

首先是放松训练。家长可以教孩子坐在椅子上或者躺在床上，然后集中精神向自己的身体各部位传递信息。可以先从左脚开始，让孩子自己跟自己的脚说“休息”，使整个腿部肌肉放松，然后再到右脚、躯干，最后到全身。这个过程虽然只有短短几分钟，但真正进入状态后，孩子就会感受到非常轻松而平和，精神压力会逐渐消减。

其次是难易适度法。对注意力不容易集中的孩子来说，一遍一遍地要求孩子演算题目或者背诵是行不通的。正确的做法是，给孩子找一些经典习题去攻克，开始先让孩子独立思考，然后再求助于老师或同学。对于孩子不感兴趣或者难度较大的内容，家长可以帮孩子先制订出计划，然后让他在限定时间内完成任务，以免松懈拖沓。一旦孩子能攻克一部分内容，注意力能短时间地集中起来，孩子自己就能激励自己，慢慢集中起注意力了。

再次是排除干扰、感官同用。注意力不集中的孩子很容易受干扰，对此家长可以给孩子来一堂排除干扰训练课。例如，先让孩子在没有任何干扰的情况下背诵一段300字的课文，看看需要多长时间。之后再给孩子制造点干扰，看这时候又需要多长时间。如此往复，直到孩子在两种情况下用的时间相等为止。感官同用则是指调动孩子的多种运动器官来协同活动，如耳朵听着录音带、嘴上读着单词、眼睛看着课文、手里写着。这样的全身心投入，能让孩子快速集中起注意力。

发呆并不是什么大毛病，但不管不问就可能给孩子造成很大影响。平时事务繁忙的家长们不妨从现在开始，关注孩子身上那看似无关紧要的"呆萌"状态，将孩子有可能形成的发呆习惯扼杀在摇篮里，让孩子更好地听课学习。

尚阳讲故事

总发呆固然不好，但适当发发呆无论对课业繁重的孩子还是工作繁忙的成年人都是一种放松。国内著名演员陈道明就是这样一位爱"发呆"的人。

作为国家一级演员，陈道明出演了很多部脍炙人口的影视作品，在纷繁复杂的演艺界纵横了好多年。很多名人都因为身份或接戏等各种问题压力很大，陈道明却一直平稳纵横、心态极佳。有朋友曾问他在家经常干什么，他的回答就是"发呆"。他认为发呆是最放松的事，尝试把自己的脑袋放空，哪怕仅仅几分钟，都是很幸福的。

也许正是拥有这种会"发呆"的能力，陈道明的事业和家庭都非常和谐而美好。生活中能像他这样时不时发发呆，看来也是很不错的。

28 孩子很努力，为什么没有好成绩

Q：

我们家孩子从小就很懂事，小学期间学习根本不用我们督促，自己认真听课，积极完成作业，成绩一直名列前茅。升入初中后，孩子还是这样很自觉地学习，我们都很欣慰。可几次考试下来，孩子的成绩很不理想，他自己特别难受，不断地跟我们说："我一直很认真地学习，甚至牺牲了很多玩的时间，为什么我的成绩不好呢？我的同桌，他上课也不是很认真听讲，下课就和同学疯玩，可他的成绩竟然比我好。"说着说着，他的眼泪就掉下来了。作为家长，我实在不知道怎么开导他，希望尚老师能指明问题所在。

A：

学习很努力却无法取得好成绩，这样的问题出现在很多孩子身上。在很多高考失利的孩子当中，就有相当大一部分是平常学习很努力，却没有考上大学的。很多家长为此给孩子请家教，买各种各样的学习资料等，但孩子的成绩依然停滞不前。

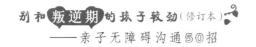

这里面的原因，在我看来，极有可能是学习方法不对的问题。就像走路时只有找到了合适的鞋子才能走得远一样，学习也是如此。没有好的学习方法，光凭借着一股“愚公移山”的勤学苦练精神，孩子是很难取得好成绩的。

下面，我就先给家长们说几个例子，这些都是我身边的朋友或我接触过的关于孩子学习方法的案例，希望能给家长们一些启发。

我朋友的孩子圆圆成绩一直非常好，她的学习方法非常特别，那就是把学习变得像画画一样。圆圆从小就喜欢画画，这个习惯后来就被她运用到学习中，成了一种独特的学习方法。她的具体做法就是：学习中一旦遇到较复杂的内容或需要进行阶段性总结的时候，她就会一边画图一边想象，以此来掌握较难的题目。例如，在读背课文的时候，她总是按照先后次序画出不同的场景，并加一些特殊的符号和关键词，这样背诵时，脑袋里就会想象这些画面，记得就非常快。此外在考试前进行总结复习时，她还会将整体内容画成一棵枝叶繁茂的大树，树干和树枝上全都是各个相关的知识点。这样形象而有趣的画面非常便于理解和记忆，同时又特别好玩，具有吸引力。正是靠着这样的学习方法，圆圆的成绩一直非常优秀。

另一位朋友的儿子齐齐却有着另一套学习方法。齐齐最喜欢做的事就是讲故事，从小就喜欢各种各样的故事书。因为对故事太过着迷，他也慢慢地发明了他独特的学习方法——故事学习法。每次一学到新知识，他就会想办法把它们串联成一个个好玩的故事，然后讲给朋友们或者爸爸妈妈听。而在讲述的过程中，大家会提出新问题，这样齐齐就会再去学习，掌握这些知识后再讲给朋友们听。这样的学习方法，不但能够检验他自己对知识点的掌握程度，巩固了知识，还能不断激发他学习更多的知识，学习兴趣不断浓厚，成绩也越来越好。

从这两个案例中，家长们可以看到，学习方法是要根据孩子的自身情况来培养的。而要培养出适合孩子自身的学习方法，家长们要注意以下原则：

第一，帮孩子分析自己的特点和喜好，启发孩子找到适合自己的学习方法。

像上面我列举的两个案例一样，好的学习方法跟孩子自身的兴趣爱好联系密切。因此，家长要跟孩子一起，分析孩子自身的特点和兴趣点所在，找出他的长处和短处，然后看看哪些兴趣点或者特点可以延伸出学习方法。

第二，帮孩子找一个好的学习榜样。榜样的力量是无穷的，很多事业有成的成功人士都提到过自己青少年时期的偶像。对孩子来说，学习榜样的树立能坚定他学习的信心、激发他的干劲，学习偶像身上的闪光点，又能帮助他更好地学习。

不过，有一点需要家长们注意的就是，向榜样学习，并不意味着要全盘照抄、盲目模仿。很多家长看到别的孩子成绩好，就盲目地让孩子照着人家学习，却往往事与愿违，原因就是别人的方法不适合自己的孩子。

家长要帮助孩子分析对比，借鉴别人方法中优秀的点，而去掉不适合自己的那些点，也就是取长补短。这样，学习别人的方法才有意义。

第三，要重视实践的作用。摸索出一套适合自己的学习方法并非一朝一夕的事情，它需要孩子在较长时间的学习实践中慢慢地形成、发展和完善。因此，家长们一定不要心急、总是催孩子，或短时间内没成功就责骂孩子，而应该给孩子多一些时间，在旁边给予指导和鼓励，让他自己慢慢总结经验，慢慢触摸到自己的兴趣点所在。

方法对了，事半功倍；方法不对，事倍功半。我在《你在为谁读书》第三季——“最有效的学习方法”中系统全面地介绍了3+1学习方法，家长们可以参照。

家长们认识到了这一点之后，就要转变以前那种只让孩子无休无止学习用功的局面，而换一种更理性、更科学的态度来教导孩子找到正确的方法。正确的方法对孩子一生都很有益处，毕竟在这个日新月异的时代，只靠闷头苦干是很难应付快速变化和激烈竞争的。

尚阳讲故事

美国篮球运动员基德是NBA著名球星，但在小时候，他曾一度因为没有找到正确的打球方法而差点放弃。

小的时候，基德的父亲常常带他去打保龄球。那时候，他还非常贪玩，打得不好还总是找借口，而且每次一打完，他就跑出去玩了，丝毫没有意识到要总结经验，找到好方法。

终于有一天，当他又一次打出了很差的球而且又一次给自己打得不好找借口时，父亲毫不客气地打断了他：“别再找借口了。你打得不好，是因为你不练习，又不愿意总结方法。假如你好好做，你就不会这样讲了。”

这句话给了他极大的震动，此后，他一发现自己的缺点，便想尽办法纠正。

后来，不管是打保龄球还是打篮球，他都要求自己做到两点：第一，比别人投入更多的时间和精力去练习；第二，第一时刻总结经验教训，找出最好的方法提升。也正因为这两点，他成了优秀的球员。

29 克服孩子的考试焦虑

Q：

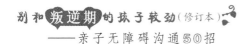

升入初中以后，因为学科多了，儿子的学习劲头也上来了，学习比之前更加勤奋了，日常的作业和小测验都做得很好，老师也很认可。可是一到大考，他就考不好。一开始我们以为就是发挥失误了。结果后来频繁出现这种情况，而且一到考试，儿子就烦躁不安，甚至还会出现头痛、心慌、食欲下降、睡眠不好等症状，似乎整个人都处于一种焦虑状态。我们开导过他好几次，但作用都不大，现在特别害怕这种焦虑状态会影响他的身心健康。希望尚老师能给想个解决办法。

A：

心理学上有一种疾病叫“詹森效应”，詹森是一名运动员，他平时刻苦训练、实力很强，每次测验的成绩都名列前茅，但一到比赛时，詹森就发挥不出他的原有水平。由此，心理学上把这种由于缺乏良好的心理素质而在赛场上失败的现象为“詹森效应”。

在学生群体中，“詹森效应”非常常见。很多孩子平时成绩特别好，但一到大考或升学考试时就发挥不出原有的水平，这种现象唯一的解释只能是心理素质问题，属于求胜心太重或自信心不足造成的焦虑症。因为，平时成绩特别好的孩子往往会有一种心理暗示：只许成功不能失败。而考试时，又背负上家长和老师的期望，便患得患失，很难正常发挥。

患上严重考试焦虑症的孩子，不但考试无法取得好成绩，精神状况受到影响，身体健康也因此受到影响。因此，很多家长一发现孩子患上了考试焦虑症，就非常焦急，甚至也像孩子一样焦虑了。

其实，家长也不必太过担心。心理学研究发现，焦虑本身并非是绝对的坏事情，适度的焦虑反而会让人的工作和学习效率提高，所以，运用得好的话，焦虑是可以成为促使人们积极工作的动力。

河南省郑州市一所重点中学曾对该校学生进行了测试，结果发现，其中 11. 76% 的学生具有中度及高度焦虑，59. 3% 的学生感到轻度焦虑，只有 28. 9% 的学生表示考试时很镇定。这个调查虽然不能代表所有情况，但至少可以说明，考试焦虑对孩子来说还是比较常见的现象，并不只是某一个孩子会如此。

那么，孩子为什么会患上考试焦虑症呢？这个问题相信家长们也有所了解。升学的压力、家长和老师的殷切期望、一次考试的失利等，都是造成孩子考试焦虑的原因。要帮孩子解决考试焦虑症，家长也要从这些方面入手。下面，我就给家长讲一下帮孩子缓解考试焦虑症的方法。

第一点就是要改变认识，减轻孩子的心理负担。有些家长整天把“成绩好的人才有前途”“你这次怎么考得这么不好，你原来很聪明的嘛”之类的话挂在嘴边。孩子长期听这些强调结果的话，就会时刻想起来，一到考试这些话更是如影随形，以至于根本无法安心复习考试。家长们要做的，是改变对孩子成绩的态度，让孩子知道，在父母眼里他永远是最好的，不会因考试成绩好坏而改变。这样能减少孩子的心理压力，降低焦虑程度。

消除考试焦虑症的首要条件就是要转变心态，对考试持有正确的态度。除了自身做到正确对待孩子成绩外，家长还要教孩子认识考试的目的，理智地对待考试，不要把考试结果看得太重，要以一颗平常心对待每一次考试。

第二点就是家长要了解造成孩子焦虑的具体原因，然后对症下药。家长可以通过细心观察或者跟孩子谈话等方式，找出造成孩子焦虑的原因。通常，引起孩子焦虑的原因很多，如担心考不好别人对自己的评价、担心未来的前途、担心应试准备不足等，这些原因错综复杂、相互影响。只有冷静分析找出让孩子焦虑的原因，才能帮孩子解决焦虑问题。家长可以和孩子一起把原因一个个列出来、写在纸上，然后逐个进行分析，再逐个推翻，渐渐让孩子心里平静下来。

第三点是教孩子一些考场自我放松的方法。好的考场应试方法能立竿见影地消除或缓解孩子的焦虑症状，顺利度过考试。家长可以这样教孩子：进入考场后，以舒适的姿势坐好，保持身体平衡，然后心里默默数数，使自己的心情平静下来；像闻花香一样用鼻子深深地、慢慢地吸气，然后再用嘴慢慢地吐出来；想象身体各部位都在放松，顺序是脚、双腿、背部、颈、手心。这样做过之后，再开始答题时，孩子心里就会平静许多。

除了这个方法，家长还可以教孩子运用“转移注意”和“自我暗示”

的方法来缓解考场焦虑的症状。“转移注意”如想一想最能让自己开心和高兴的事情，幻想一下即将到来的爬山活动等；“自我暗示”如不断给自己说“考试前我复习得很好，肯定能超常发挥，考出好成绩”“我绝对有能力学好这门新课”等。这些都能平复孩子的内心，让他慢慢放松下来。家长还可以自己摸索开发出其他的方法，帮孩子缓解考场紧张感。

第四点就是教孩子合理安排时间，做好充足准备。在实际生活中，很多孩子都喜欢在临考之前拼命“开夜车”，企图通过抢时间来巩固知识点。看起来这种“临阵磨枪”的举动十分奏效，但它却很容易让孩子思维迟缓或难以集中，由此导致孩子心情紧张，甚至怯场。因此，充分而良好的考前准备，是预防孩子产生考试焦虑情绪的最有效方法。

明白了这一点，家长们就可以有意识地引导孩子劳逸结合、有张有弛地学习。平时，家长就要教导孩子合理地安排学习时间，帮他制定出符合自身学习习惯的学习计划表。这样不但能让孩子拥有充足的休息和学习时间，养成良好的生活习惯，还能让孩子把学习工作分散到平常学习中，从而减轻考试前的心理紧张度，做到轻装上“战场”。

家长们还可以在考试前，适当地给孩子安排一些娱乐活动，让他们做一些喜欢做的事情，以便他们能保持轻松愉快的精神状态投入考试。

希望上面这些方法能帮助家长和孩子们。在面对考试时，我的建议是：家长要积极督促孩子做好考前准备，帮孩子集中精力，引导孩子正确估计自己的能力，保持适当的压力，同时也要提醒孩子重视学习的过程而不要太计较考试结果。这样，孩子才能在良性的压力下健康、自如地学习。

尚阳讲故事

有位秀才进京赶考，考试前两天，他连续做了两个梦。第一个梦是他梦见自己在墙上种白菜；第二个是梦见下雨，他戴着斗笠还打着伞。

秀才赶紧去找算命先生解梦。算命先生说："你还是回家吧。你想想，高墙上种白菜，不是白费劲吗？戴着斗笠还打着伞不是多此一举吗？"

秀才一听，心灰意冷，回店收拾包袱就要回家。店老板问其缘故，秀才就把做的梦和算命的情况诉说了一番。

店老板一听乐了："我也会解梦，我倒觉得你一定要去考。你想想，墙上种菜，不是高种（中）吗？戴着斗笠还打着伞，不是说明你有双保险吗？"

秀才一听，觉得很有道理，精神为之一振，于是充满自信地参加了考试，结果居然中了"探花"。

同样两个梦，算命先生的解梦使秀才心灰意冷，准备打道回府；而店老板的解梦则使秀才精神振奋，满怀信心进考场，最后如愿以偿。

30 凡事都想争第一

Q：

我女儿刚上初中，不知从什么时候开始，她变得特别争强好胜。上周我们几个比较要好的家长一起去爬山，期间我夸奖另一个男孩子几句，结果女儿就开始处处跟那男孩子较劲，爬山的时候一定要跟那男孩子比赛，我怎么劝她都不听，结果闹得很不愉快。我知道孩子应该有好胜心，可这样争强好胜似乎有点太过了。我不知道该怎么对待女儿的这种行为？这是好还是坏呢？希望尚老师给分析下，帮我想想办法。

A：

好胜心指的是一个人不满足于现状，力求超越自己、超越他人，争取更大成功的一种心理倾向。争强好胜是每个孩子的天性。科学研究显示，从 3 岁开始，孩子就有了竞争的意识，并且开始拿父母和他人作为自己的参照，通过与别人的比较，来彰显自我的不同，以此获得成就感。

很多卓有成就的人小时候都有很强的好胜心。英国首位女首相撒切尔夫人小时候就是一个好胜心很强的人，她的父亲曾经教导她“要永远坐在第一排”。好胜心强的孩子凡事总想争第一，有很强的积极性和学习欲望，敢于竞争，勇于拼搏，在很多方面表现都很突出。

那么，孩子为什么要表现出好胜心理呢？专家在研究青少年心理特征时发现，好胜心强的孩子主要是想显示自己的力量和智慧，多数情况的好胜都是在同伴面前显示自己的能耐。也就是说，在同伴面前不甘示弱是孩子好胜心的开始。这之后，孩子会逐渐表现出在学习上争第一，在各种活动中勇于竞争，彰显自己的才华。

所以，如果家长发现孩子表现出了好胜心，这其实是一件非常好的事情，说明你的孩子不甘心做一名弱者，有很强的进取意识，会非常努力地学习，对各种知识保持旺盛的求知欲。

好胜心有如此大的好处，那是不是说，好胜心越强越好呢？我的回答是：不。凡事都要有个度，好胜心也一样。适当的好胜心有助于孩子学习，过度的好胜心却会阻碍孩子学习和成长。

好胜心太强的孩子，如这位妈妈的女儿，往往会与他人产生矛盾。因为过度的好胜心会产生一种非要把对方压倒的想法，表现出来就是逞强好斗，不达目的不罢休。这样很容易给其他孩子留下坏印象，从而远离你的孩子。久而久之，孩子就会因为缺少朋友而变得孤僻、自我封闭。一方面，太过争强好胜还会让孩子失去宽容心，凡事只认胜负，而不懂得尊重别人、包容别人，这会让他越来越冷酷，变得十分功利。

从另一方面来说，好胜心太强的孩子，因为内心装的都是胜利，所以无法承受失败，一旦某天他遭遇了挫折或失败，就会因承受不住而出现非常大的情绪波动，甚至心理疾病。

因此，面对好胜心太强的孩子，家长一定要合理引导、正确教育，使他的好胜心保持在一个合适的度上，真正成为帮助他前进的驱动力。说到这里，家长们肯定想知道，到底该如何引导好胜心强的孩子呢？这里我就告诉大家。

第一，家长不能压抑孩子的“过度好胜”，而是要把它引到值得竞争的方面来。好胜心过度的孩子，表现出来就是凡事都要争第一，大事小事都要比高下。这个时候，家长不妨给他来个区分，在该争的地方鼓励孩子竞争，在不该争的地方劝解孩子理性面对。例如，在学习方面，家长可以鼓励孩子竞争，告诉孩子“知识就是力量”；而在诸如跟朋友吃饭、做活动之类的事情上，则告诉孩子“友谊第一”，要他懂得互相礼让、尊重他人。

第二，教导孩子遵从“公平竞争”原则。好胜心太强的孩子，一旦处于竞争状态，情绪往往比较激动，有时候会控制不住自己而采用一些偏激或不公正的手段。有些孩子一旦输了就“大哭大闹”甚至直接冲上去打对方，有些孩子则为了赢得胜利背地里做些手脚。这样的举动一旦开始，就会泛滥，最终导致很严重的后果。因此，家长一定要在发现苗头的时候，就尽力劝解开导孩子，让他明白“公平竞争”的原则。

第三，引导孩子正确对待得失成败。太在乎输赢的孩子，很难承受住失败的打击。因此，教孩子坦然面对得失成败，是防止过强好胜心控制孩子的重要手段。家长们首先不要对孩子要求太多，也不要经常拿他跟别的孩子比，而应该多跟孩子一起玩游戏，在游戏中平衡孩子的胜负心态。比如，跟孩子一起打牌或下棋时，可以有意识地让孩子输，然后以轻松的谈话教导他输赢并不重要，过程和实实在在的收获才是最重要的。还可以在孩子输了之后也给他一些奖励，告诉他“你进步了”，让他意识到进步是最重要的，而不是输赢。当孩子在游戏中经历了挫折和失败后，他会更好地认识自己，发现自己的缺点和别人的长处，在失败中总结经验，得到真正的收获。

第四，帮孩子处理好人际关系。正如上面我讲过的，好胜心太强的孩子往往跟别人相处得不好。这时候，家长一定要充当“协调者”，帮孩子处理好这些关系。家长可以多带孩子参加一些集体活动，让孩子在活动中体会到团体合作的乐趣，认识到别人的优点；还可以经常跟孩子探讨其他孩子身上的优点，教导孩子向别人学习。有些家长还故意给孩子制造一些“难题”，让孩子主动寻找朋友帮忙解决。这些都有助于孩子人际关系的提升。

孩子年龄小，最需要的就是父母的引导。很多时候，因为认知和阅历的关系，孩子无法判断一种想法或者一种习惯到底是好还是坏，这就需要父母主动站出来，告诉孩子正确的做法，引导孩子改正坏习惯、发扬好习惯。所以，如果你的孩子出现了好胜心过强的情况，请千万不要一巴掌拍死，请按照我这一节讲述的方法来引导孩子。希望有同样困惑的家长在看后，能豁然开朗，更加科学理性地对待孩子的好胜心理。

尚阳讲故事

20世纪30年代，在英国一个不出名的小镇上，有一个名叫玛格丽特的小姑娘，自小就受到严格的家庭教育。她的父亲常跟她说：无论做什么事都要勇争一流，永远做在别人前面，而不落后于人，就算是坐公共汽车，也要永远坐在第一排。父亲还从不允许她说“我不能”或“太难了”之类的话。这样的“残酷”教育培养了玛格丽特积极向上甚至好胜的决心和信心。在以后的学习、生活和工作中，她时刻牢记父亲的教导，凡事总抱着一往无前的精神和必胜的信念，以自己的行动实践着“永远坐在第一排”。

玛格丽特上大学时，学校要求学生们上5年的拉丁文课程，她凭着自己顽强的毅力和拼搏精神，硬是在一年内全部学完了。此外，她还在体育、音乐、演讲及学校的其他活动方面走在前列，是学生中的佼佼者之一。

40年后，英国乃至整个欧洲政坛上出现了一颗耀眼的明星，她就是1979年成为英国第一位女首相、雄踞政坛长达11年之久、被世界政坛誉为“铁娘子”的玛格丽特·撒切尔夫人。

正是凭着小时候父亲“勇争一流”的教导，好胜的撒切尔夫人取得了举世瞩目的成功。正确引导好胜的孩子，让他把好胜心用在值得付出的事业上，才能真正发挥孩子的潜力，成为像撒切尔夫人一样有成就的人。

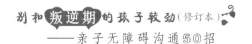

31 课外班——授之以鱼还是授之以渔

Q：

为了让儿子不输在起跑线上，我去年给他报了个英语班，希望他能在课堂之外多学点东西。刚开始报班之后的几个月，孩子的英语成绩确实有所提高，孩子也表示辅导老师确实说到了好多课堂上讲到的问题。可是几个月之后我发现，孩子的成绩并没有提升，课外辅导的内容好多都是课堂上讲过的，而且都是现成的知识点，孩子只能依葫芦画瓢，而没学到真正内在的东西。如今孩子又升了一级，我有点矛盾要不要给孩子继续报课外班了。尚老师对此有什么好的建议吗？

A：

现在大家经济条件好了，社会上的各类辅导班也因市场需求应运而生。给孩子上辅导班、兴趣班，如同开小灶加餐，是目前社会上的普遍现象。

不管你是出于什么动机——为孩子将来发展多打一些基础、满足孩子的一时兴趣，还是跟风、随大流，你现在的做法虽然无可非议，但是我的观点是：你必须要分清主次、适合和因材施教的问题。否则你将是好心办坏事，越搞越乱。不仅会影响家长的正常生活和休息，也会让孩子筋疲力尽，无所适从。

我的建议是：

1. 选择一项适合孩子发展的科目，学精学透，坚持下去。

我们需要认真分析、了解孩子的十二项智能，如果确实能够找出一项适合孩子智能的强项，而且通过与孩子的深入沟通，能够得到孩子自己确认，那么，我们就要明确锁定并坚持下去。我的大儿子 6 岁开始学笛子，12 岁获得业余最高级（十级），这一项业余爱好将让他终身受益；小儿子 7 岁开始练足球，曾进过省少年队，从小学到大学，一直都是校队的主力，足球给了他自信、健康和快乐。

2. 若找不准方向，可提供空间让其自由发展，再加以认真观察。

在没有找准方向之前，不需要送课外培训班，只要在家里提供相关条件和鼓励，让孩子自由自在地在玩耍中成长。

以某个学生参加的英语课外班为例。在学校，孩子学习的是系统的课本内容，老师会按教学计划讲解一个单元的词汇、词组和句型，以及相应的语法练习等基础内容，然后再详细讲解课文，做课外阅读、课后延伸。这是一个系统而全面的过程，孩子在这个过程中会系统地学习到一篇英语课文该如何阅读、如何拆分理解、如何构词组句。

我们再来看看这个孩子报的英语课外班。课外班的目的在于辅助课堂学习，因此老师不会非常系统地讲出课堂上整套的内容，而是强调一些需要掌握的知识点，如生词、语境、词汇。这样一来，孩子看似掌握了多少个单词、理解了多少个词汇，实际上却脱离了语境，丢掉了在语境中掌握语法和词汇，通过观察、体验、总结、应用等来实现语法和词汇的理解和运用的能力。也就是说，孩子只记住了一些规则，却忽略了自我能力的培养。

像这种课外班学习，孩子一时能得到好处，时间久了却并不能真正学到东西。一旦脱离了课外班，成绩也会自然而然地落下来。那么，在如此多的课外班中，家长该如何判断哪些是真正能给孩子“授之以渔”的呢？要判断一个课外班的好坏，我认为可以从以下几个方面入手。

首先，课外班学习要能引导孩子思考。著名教育家陶行知说过：“发明千千万万，起点是一问。禽兽不如人，过在不会问。智者问得巧，愚者问得笨。”只有能启发孩子自我思考的教育，才能实现知识的内化，让孩子掌握到内在的技巧。所以说，好的课外班老师一定是善于发问、引导孩子思考的。

其次，要注重知识点间的联系，促进知识体系的建立。以上述英语课外班为例，课外班学习要系统教给孩子整套知识，至少让孩子能把各个知识点串联起来，掌握这个学科或这一块内容的骨架。这样，孩子才算真正融会贯通。

再次，课外班要注重理论联系实际，教会孩子学以致用。任何知识都要能实际运用才算真正有成效。在课外学习中，老师一定要引导孩子实际运用，英语学习要多练习实战对话，数学学习要多做一些实际计算测量。这样，孩子才能从直接经验中理解知识的内涵，同时也对所学的内容更加感兴趣。

最后回到这句话：授之以鱼不如授之以渔。一个成功的、好的教育，应该是教给孩子捕鱼的能力，而不是捕到多的鱼儿。众多为孩子上课外班发愁的家长们，应该多深入了解下课外班的学习方式，最好能跟孩子一起去试听课程，帮孩子辨别选择出真正能学到东西的课外班。这样一来，也就不用在乎给孩子报多少个班了，更不用跟别的孩子比较，因为孩子能真正学好一个方法、学会一门科目的内在精华，他其他科目的学习也能从中获益。希望每一位家长都能给孩子找到真正有用的课外班。

尚阳讲故事

伟大的科学家爱迪生，童年时被视为“低能儿”，只上过 3 个月学便离开了学校。12 岁那年，他当上了火车上的报童。火车每天在底特津停留几小时，他就抓紧时间到市里最大的图书馆去读书。不管刮风下雨，从不间断。

当时，他随着兴之所至，任意在书海里漫游，碰到一本读一本，既没有方向，也没有目标。有一天，他正在埋头读书，一位先生走过来问：“你已读了多少书啦？”爱迪生回答：“我读了十五英尺书了。”先生听后笑道：“哪有这样计算读书的？你刚才读的那本书，和现在读的这本完全不同，你是根据什么原则选择书籍的呢？”

爱迪生老老实实地回答：“我是按书架上图书的次序读的。我想把这图书馆里所有的书，一本接着一本都读完。”先生认真地说：“你的志向很远大。不过如果没有具体的目标，学习效果是不会好的。”

这席话对爱迪生触动很大，成为他确立学习方向的一个转机。他根据自己的爱好、兴趣和专业目标，把读书的范围逐步归拢到自然科学方面，特别注重电学和机械学。定向读书，终于使他掌握了系统而扎实的知识，成为伟大的科学发明家。

爱迪生是幸运的，他遇到了这样一位老先生。老先生没有告诉他具体要读哪些书，而是“授之以渔”地指点他找到自己的方向。这样的教育，才是真正能让人成长的教育。

32 别想“阻止”孩子上网

Q：

我儿子特别喜欢上网，每天一做完作业就跑到电脑前，有时候玩一些小游戏，有时候看一些新闻啊什么的。我怕他玩电脑影响学习，就总是说他，可说多了他就给我来一句“我从网上查学习资料呢”。我去查看他的作业，有些也确实是能从网上找到资料的，他还真没说谎。可我老怕孩子上网多了不好，现在网上什么东西都有，孩子年龄小，万一被影响了就不好了。尚老师，你说这种情况我该怎么做呢？制止孩子上网吗？

A：

生活在信息时代，任何人都不可能远离电脑和网络。听音乐、看影碟、上网聊天、发送 E-mail……电脑与网络给我们的生活带来了方便和快乐，有着它的积极作用：它改变了求知、学习方式，开发了智力和感官能力；改变了娱乐、游戏方式；改变了交往方式；同时改变了消费方式。

在如今的时代，学会使用电脑和网络的重要性是不言而喻的，这样的现状导致的一个结果就是：家长们无法阻止孩子接触电脑。

对孩子来说，电脑拥有太多好玩的东西，有吸引人的游戏，有有趣的节目，有和同学和朋友聊天的区域，还有各式各样新奇的新闻和杂谈……随着网络购物的兴起，大街上更是随处可见以孩子为主的网购广告。网络的普及和巨大影响力简直已经无孔不入，让孩子远离电脑几乎是不可能的。

因此，我想劝所有意图阻止孩子上网的家长们不要这么做。相反，家长们应该引导孩子健康上网，让网络成为孩子学习的工具。

当然，要让网络成为孩子学习的工具，我们必须要考虑到网络对孩子可能造成的负面影响，有意识地进行规避。

第一，长时间玩电脑让人很容易产生眷恋感，沉醉在电脑游戏中，从而忽视面对面的人际交往。孩子们的心理正在发展时期，缺乏人与人之间来往的机会，会使孩子形成孤僻的个性。

第二，长时间玩电脑、用电脑打字，会失去用笔写字的机会，对孩子的基本技能发展不利。经常用电脑来计算，也不利于孩子全面地发展智力。

第三，长时间玩电脑，易受网上暴力、色情游戏的引诱，使孩子的心灵受到污染，容易在暴力、色情的影响下产生不良行为。

第四，长时间玩电脑，对发展自我意识不利，因为人的自我意识是在与人交往、相互比较中，不断地形成的。长时间玩电脑，无形中失去了与更多人交往的机会，终日沉迷于网络中，极易丧失自我意识。

第五，长时间玩游戏的人，会患上一种“游戏综合征”，出现情绪低落、头昏眼花、双手颤抖、疲乏无力、食欲不振等症状，还伴随如植物神经功能紊乱、激素水平失衡、紧张性头痛等一系列疾病。

弄清楚了这些负面影响，接下来，家长们就需要据此引导孩子健康上网，为学习服务。在这一点上，我也给家长们提出几点意见。

首先，明确网络的工具性。在带孩子上网学习的时候，家长一定要先让孩子认识到网络真正的作用，即网络是个“信息源”，是获取信息的工具。对此，家长自身要给孩子做出榜样，当着孩子的面不要再把电脑当成娱乐工具，而是多利用电脑查找学习资料、了解国内外大事、阅读名家著作，让孩子从一开始就把网络当成信息获取工具。

在这个过程中，家长还可以给孩子设置一些题目，然后教孩子在网上查找资料。同时，还可以和孩子一起玩一些益智类的小游戏、帮孩子建个博客记录成长的点滴足迹等。这种良性的引导，对孩子正确认识网络、健康上网十分必要。

其次，控制孩子的上网时间，让孩子多与现实中的人交往。

中国青少年研究中心对国内 10 个城市的 5000 多名中小学生进行的调查显示，有 10% 左右的少年儿童每天上网超过 1 小时，约 1% 的孩子上网成瘾，每天超过 3 小时。上网时间太长无益于孩子的视力，还容易让孩子上网成瘾，沾染上一些坏习惯。因此家长制定出一个上网时间，让孩子像遵守作息时间一样严格遵守。

与此同时，家长还要多鼓励孩子与现实世界中的人交往，以抵抗网络虚拟世界带来的影响。孩子的成长离不开周围的同学、朋友，离不开深刻的生活体验。让孩子时刻处在同学朋友的现实关怀中，感受到实实在在的生活的乐趣，能避免孩子沉迷于网络。

另外，给孩子选一些好的、有助于学习的网站。目前的网络世界还比较杂乱，各个网站良莠不齐。因此，孩子开始上网时，家长最好可以给孩子提供几个优秀的、适合孩子学习或者玩耍的网站，以免孩子误入其他恶性网站而受到不良影响。

最后，指导孩子运用网络与朋友、网友讨论学习。网络使学习同伴不再拘泥于同班同学，而是全国各地的孩子。家长可以指导孩子运用各种通信工具，如QQ、邮箱、网站论坛等，跟其他地方的孩子谈论学习内容、互相交流学习经验和方法。孩子一方面会因这种新奇的学习方式而兴奋，从而对学习的兴趣大增；另一方面也能提高自己的人际交往能力，交到很多朋友。

在这个过程中，家长可以教给孩子一些网络使用方法，例如如何下载东西、如何保存文档等。这样，孩子还能提前掌握一部分计算机应用技术。

电脑和网络有利有弊，家长一定要引导孩子警惕诱惑、学会选择、养成良好的上网习惯，让电脑成为孩子学习和生活的好帮手。这样孩子才能学到真正有用的东西，让自己全面发展。

尚阳讲故事

作为阿里巴巴集团主要创始人之一，马云可以说是中国网商界的传奇人物。

1988年，马云从杭州师范学院外语系英语专业毕业，被分配到杭州电子工学院，任英文及国际贸易讲师。1991年，马云初次接触商业活动，创办海博翻译社，第一个月，收入700元，房租高达2000元。于是他利用转手小商品交易的方式，从广州、义乌等地进货，养活翻译社。1994年海博持平，1995年开始赚钱。

1994 年底，马云首次听说互联网；1995 年初，他偶然去美国，首次接触到互联网。对电脑一窍不通的马云，在朋友的帮助和介绍下开始认识互联网。1995 年 4 月，马云和妻子再加上一个朋友，凑了两万块钱，专门给企业做主页的杭州海博网络公司就这样开张了，网站取名“中国黄页”，成为中国最早的互联网公司之一。其后不到 3 年时间，他们利用该网站赚到了 500 万元。

1997 年，马云和他的团队在北京开发了外经贸部官方站点、网上中国商品交易市场、网上中国技术出口交易会、中国招商、网上广交会和中国外经贸等一系列站点。在 1999 年 3 月，马云正式辞去公职，和他的团队回杭州，以 50 万元人民币开始了新一轮创业，开发阿里巴巴网站。此后，马云的名气就随着阿里巴巴越来越闪耀，最终享誉国内外。互联网，成就了马云的商业传奇。

33 怎样平衡和发展孩子的兴趣

Q：

上初中之后，儿子变得特别好动，对很多活动都产生了浓厚的兴趣。以前在小学他只喜欢打篮球，现在又喜欢上了乒乓球和足球，课余时间几乎都泡在跟同学打球上了。对此我有点担心，一方面怕他这样热衷活动而耽误了学习，另一方面又觉得孩子的兴趣有点多，应该让他选取其中一两个有所侧重地进行，而不是全盘都参与。尚老师，您说这种情况该怎么处理呢？

A：

进入初中之后，孩子的眼界和能力都得到了进一步发展，对新事物的好奇心加重，会对很多事物表现出兴趣。可与此同时，初中课堂学习相对紧张，兴趣与学习之间的矛盾也时不时会凸显出来。对此，很多家长都不知道怎么处理。

大体来说，家长们会有以下三种行动。

第一是让孩子重视学习而轻视兴趣。在实际生活中，虽然很多父母嘴上都说：孩子有爱好，做家长的应该支持。很多父母也确实不辞辛苦地给孩子报各种兴趣辅导班，希望孩子能成为一个多才多艺、全方位发展的人。可一旦孩子的兴趣爱好与学习发生冲突，特别是孩子因为坚持兴趣而占用学习时间，从而导致学习成绩暂时性退步时，一部分家长就会要求孩子放弃兴趣，或者无限制压缩孩子兴趣发展的时间。

第二就是重视兴趣而轻视学习。随着如今越来越多个性孩子在艺术等其他非学校学习中取得成就，一些家长会在孩子学习成绩不理想时，考虑放弃学习而转而让孩子刻意发展兴趣，以期望孩子能在别的领域中大放异彩。在这部分家长看来，学校里那些语文、数学、英语对于生活用处不大，因此不必刻意学习。

第三种情况是家长希望孩子学习和兴趣兼顾并且都要做到最好。为了不让孩子输在起跑线上，很多家长会对孩子的学习和兴趣实行双重压力，要求孩子不但在学校时要用功学习，放学之后还要参加各种兴趣班。

以上三种情况，不知道你属于哪一种？其实，这三种情况对孩子来说都不够好。只重视学习而剥夺孩子的兴趣爱好，不但可能埋没孩子的某方面特长，还会因此伤害到孩子的心灵，让孩子成为内心压抑而只知道学习的“书呆子”；完全放弃学校科目而只攻兴趣，又会让孩子失去最基础的知识补给，成为一个基本功较差、文学素养和知识体系较弱的人，很多靠着兴趣成功的人到头来都要重新回到学校学习系统的知识；高压迫使孩子兼顾学习和兴趣，如果孩子能够承受还好，若不能承受，则繁重的任务不但会让孩子累得跑不动，甚至出现厌学情绪，也会给孩子的兴趣加上很重的功利性负担，让孩子失去乐趣。

那么，在孩子的兴趣和学习之间，究竟怎样的做法才是正确的，才能让孩子更好发展兴趣而又不耽误学习呢？

初中阶段的孩子主要任务是学习，因此家长要引导孩子把更多的精力放在学习上，摆正自己的心态。学习时，家长要教导孩子全身心投入、高效率学习，注重提高课堂效率。在这个基础上，家长再有意识地根据孩子的具体情况发展孩子的兴趣爱好。例如，当孩子的兴趣过于广泛，或者过于痴迷兴趣爱好而导致时间和精力不够用时，家长就要跟孩子商量一下，帮孩子选择一些作为重点、一些作为非重点，以适当减少花在兴趣爱好上的时间，而保证首要的学习时间。

在此之外，家长们还应该明白，生活是一面多棱镜，从不同的角度会看出不同的色彩和内容。兴趣也就像多棱镜一样，每一种兴趣背后都隐含了对生活的不同感受；培养孩子各方面的兴趣，就是给孩子一把认识生活认识世界的钥匙。但兴趣的培养应该是顺其自然，而不能带有太强的功利性。

孩子喜欢钢琴，就去给孩子上很贵的钢琴课，让孩子去考钢琴八级，甚至十级，结果抹杀掉了孩子对于钢琴的兴趣，可以说得不偿失。

作为家长，教育孩子不一定让孩子出人头地，但是，一定要教会孩子感受生活的乐趣。幸福指数与一个人做出什么惊天地的事情无关而是一个人的心理感受，只有做自己真正喜欢的事情才能获得真正的幸福。

智慧的家长，从现在开始正确认识孩子的兴趣和学习吧，学会让孩子按照自己的心意来发展兴趣，帮助孩子在学习和兴趣中找到平衡点，使两者都能有益于孩子。这样，孩子才能拥有更健康、更良性的学习生活，也才能成为心灵美好、心态健康的未来之星。

法布尔是法国的昆虫学家，1823 年出生在一个农民家庭里，他的爷爷和爸爸都是庄稼汉。法布尔小的时候，喜欢到离家不远的山冈上去玩，采摘美丽花草，捕捉可爱的昆虫。

有一次，他刚刚到山顶，从他脚边大石头下，突然飞出一只美丽的小鸟。法布尔就把脚下的石头撬了起来，原来是个小鸟窝，铺着厚厚的草绒和羽毛，精致极了。6 个纯蓝色的鸟蛋，在窝里排成一个图案。法布尔对自己的发现感到无比高兴，他趴在鸟窝上，仔细观察了好久，还小心翼翼地捡了一个鸟蛋回家。

路上，法布尔遇见了一个很有学问的牧师，他就问牧师这是什么蛋，牧师告诉他这是萨克锡林鸟的蛋，然后又给他讲了这种鸟的生活习性。小法布尔听得入了迷，他想："啊，原来小鸟也有自己的名字，它们的生活又是多么有趣啊！"法布尔望着四周的山冈出了神，情不自禁地自问："那么，我的另外许多'朋友'，那些在山坡上、森林里、草原上的各种植物和小昆虫们，它们也有各自的名字吧！它们又是怎样生活的呢？"这些有趣的问题激励他去学习、去探索、去观察研究。在以后几十年刻苦钻研中，法布尔写下了《昆虫记》等许多著作。一个掏鸟蛋的孩子，最终成了世界闻名的昆虫学家。

可以看到，法布尔小时候是个贪玩的孩子，可是他在玩中善于发现，并且产生了兴趣，这种兴趣一直激励他走向了成功。

34 警惕社会上的“读书无用论”

Q：

女儿升入初中之后，离家远了，整天住校，跟她的交流就比较少。两次考试之后，我发现她成绩退步了好多，问她，她一副不耐烦的样子，还跟我说什么“上学根本就没用”之类的话，看样子是一点都不想学习了。我吓坏了，女儿这是被谁给引导坏了吧，怎么突然觉得上学没有用了呢？这样下去，她肯定越学越差了。请老师给想个解决办法。

A：

2013年，《中国蓝皮书》其中一项关于大学毕业生就业的研究报告显示，大约1/3的毕业生在从事与所学专业无关的工作，有部分专业的毕业生就业的专业对口率不到30%。这其中最极端的例子是，只有大约1/6的医学专业毕业生从事医疗工作。报告还指出，即便毕业生从事的工作与所学专业相关，在很多情况下，工作岗位所需要的应用实践技能也根本用不到在校期间所学的专业知识。也就是说，大学生在学校里学到的专业知识对就业帮助不大。

辛辛苦苦学了 4 年，期间各种学费生活费所用不菲，得到的却仍旧是一个“工作不好找”的结果，这个情况导致许多家长和学生对学校教育不满意，认为学到的专业知识无用，上学只是在“浪费钱财和时间”，还不如及早工作或学一些有助于实际找工作的技能。

在这样的大环境影响下，不仅大学生，甚至高中、初中生都开始受到影响，觉得“读书无用”。来信的这位家长的女儿，应该就是这样的情况。那么归根结底，读书到底有没有用呢？

我想没有一个家长会拍着胸脯说：读书一点用处都没有。试问，不读数学，你怎么跟人算账？不读历史，你怎么知道历朝历代诸子百家？读书无用，说到底并不是说读书就真的没有用处，而是在现在社会，人们把创造物质财富、增加自身附加值当作了教育的终极目标。再加上诸如比尔·盖茨、迈克·戴尔等大学退学创业成功而成为富豪的事例，人们对教育物质化的倾向越来越严重，这才导致“读书无用”成为流行语。

读书的用处很多，下面我就简单给家长们列举几条。

首先是读书能增加信息量和知识量。好书是浓缩的知识、智慧和经验。通过阅读各种各样的书，孩子能了解到自然、社会、思维等各方面的知识，成为一个阅历广博的人。现代社会，掌握更多的信息，就意味着掌握了更多通往成功和财富之门的钥匙。

其次是读书能增长智慧。相信家长们也有这样的认识，很多认识事物的方法和习惯都会在阅读良好书籍时得到改善。这样的改善会让我们对事物的认知变得更深刻，而不是仅仅停留在表面；会让我们更加懂得为人处世的道理，生活工作更顺畅和谐；会让我们明白很多深刻的人生道理，在遭遇各种不如意的事情时更能坦然面对。

再次就是“腹有诗书气自华”。古人说的这句话真是一点不错。读书能改变人的面貌，让人走出愚昧，变得更加自信、富有内在的气质。生活中，我们常见到一些人气质优雅、举止大方，我想，这些人绝不可能是一本书都不读的文盲。读书方能知事，而多读多思能让人看透很多事物的本质，这种修养自然而然会表现成气质让别人感受到。一个只靠华丽外表矫揉造作的人，是无法拥有这种由内而外的气质的。

家长们一定要明白的是，物质的追求只是暂时的，精神的丰富才是永久的。读史能使人明智，读诗能让人聪慧，读哲学能让人深刻。书籍集合了别人的精华，却能增长我们的智慧。这才是孩子们应该从书中得到的最宝贵的东西。当然，读书无用论之所以盛行毕竟还是因为它确实“无用”，对实实在在的工作无用。关于这一点，家长们也要认清症结，引导孩子合理学习，学以致用。

阿里巴巴创始人马云曾在一次演讲中说：读书像汽车加油一样，加满油你得知道去哪里。装了太多的油就变成油罐车，我看太多的人读了好多的书，有两种人不太会成功，一种是不读书的人不太会成功，第二种是读书太多的人也不会成功，所以我们今天主要是吹吹牛，我来就是想告诉大家，别读太多书。

马云这段话乍一看似乎是说“读书无用”，实际上说的却是读书的本质问题，即不要读死书，不要天真地将读书与成功画上等号，有比读书更重要的价值去追求。这里的价值，可以是你的理想，也可以是你想做的事情。马云希望年轻人弄清楚自己想干什么，然后用读书来为自己的目标服务。这其实就是要年轻人懂得学以致用。

因此，家长要做的，就是在孩子学习知识时，教导他们把所学知识消化、吸收，做到学以致用。这里，我也给家长们提供几个小方法，以教导孩子学以致用。

第一，学东西要联系实际生活，灵活掌握，不要死记硬背。举个例子，在孩子学习重力的时候，带孩子体验坐电梯时的失重感，和孩子做石头和羽毛落地的实验，让孩子懂得实际生活中的重力现象，而不仅仅是课堂上的几个定律。

第二，多给孩子提供一些实践的机会。让孩子懂得学以致用，可以从给孩子提供多一些实践机会开始。家里的闹钟坏了，跟孩子一起拆开研究下，看看能否用课本上学到的知识找出问题所在；老师讲过孝道的故事后，引导孩子去看望奶奶、外婆并照顾她们，等等。

第三，教导孩子不要盲目信任课本，要懂得质疑课本知识并在实践中检验书本上的知识。例如，书上说蚂蚁有六条腿、喜欢在地下土中筑巢并将掘出的物质及叶片堆积在入口附近，形成小丘状。家长就可以带孩子亲自去观察一下蚂蚁，看看课本上写的到底对不对。

尽信书不如无书，再回到几千年前孟轲的这句话，相信家长们都有了更深的领悟。读书但不迷信书，多读书但不死读书，读了就要能运用。做到这几点，孩子的未来才能有保证。

尚阳讲故事

历史上有很多读书改变命运的事例，元朝著名画家王冕就是其中之一。

王冕七八岁时，就已经能帮家里做事了。父母安排他每天牵着牛出门去放牧。一天，小王冕放牛经过一座学堂，听学堂里的读书声听得入了迷，不但忘了放牛，还很晚才回到家。父亲知道后把他狠打了一顿，并教训他以后不许在放牛时去听书。

然而王冕对知识的渴望并没有被这一通棍子给吓倒。两天后，同样的事情再次发生了。当父亲又要拿棍子打他时，母亲便劝解道：“孩子这样痴心，打也不会有什么用的，干脆这牛别让他放了。”从那以后，父亲再不让他去放牛了。

当时，正好村旁山上的寺庙要雇人做些粗活，于是王冕便到庙里住了下来。白天做一些杂事，换两顿饭吃，到了晚上他就睡在佛殿内，借助桌案上摆放的长明灯的微弱光线，聚精会神地看书，每晚都看到大半夜才睡觉。

由于王冕的刻苦好学，当地一个名叫韩性的学者收了他做徒弟，跟着他一起学习。有了这样好的条件，王冕倍加珍惜，每天都很努力地学习。为了让自己掌握更多的技能，他还在劳动、读书之余迷上了写诗作画，经过勤学苦练，他终于在诗画方面取得了突出成就。

生活篇

伴随着孩子快乐成长

开篇小语

这是一个成年人都感到迷茫的时代

任何一个正常人都想生活在一个好社会，都想过上幸福美好的生活。毋庸置疑，一个冷漠、无情、自私，甚至贪婪的社会绝不是好社会。

但是，现在的生活似乎并没有那么平静。食品安全、信息安全等等纷乱景象层出不穷，这让我们每个关心生存环境的人都有些隐约的担心。

有人认为，存在即合理，我们不用太过于担心。这显然是错误的，我想，这都是没责任之人的敷衍之谈。存在的合理性并不代表这些风气和现象属于正能量，更不代表它有什么社会价值。如果我们不提倡一些积极的人生态度，那么这些不好的社会风气就会严重影响青少年的健康成长，腐蚀他们的心灵，最终毁掉整整一代或者几代人，从而把社会的健康形象和主流的价值观引向歧途。

这不是危言耸听，因为作为心智成熟的成年人，面对这些暗流涌动时，我们尚且都做不到百毒不侵，都会在各种海量的信息面前感到迷失、迷茫和矛盾的话，那些尚处于价值观形成期的青少年，就更可能彻底丧失自我，迷失在这纸醉金迷的世界里，这是一件非常可怕的事情。

虽然青少年大部分时间在学校里，可以稍微远离不良社会风气的污染，但是学校也毕竟属于社会的一部分，通过网络、社交以及很多渠道，孩子们也有很多条件去接触社会，在学校一周五天短短的学习时间巩固的教育成果，也许在周末的短短两天就被抵消掉了。并且由于知识的滞后性，教师所教课本上的内容和社会现实差距太远，课本上的知识如果照搬到现实生活中，孩子们可能会被撞得头破血流，有些老师也因此开始缩手缩脚，感到无所适从。

教师对于学生的管理，更是难上加难。以前对于学生来说，老师就是学校里的“父母”，有着很高的权威，但到今天，社会的进步和科技的发展使得学生心理超前成熟，教师和家长都很难琢磨他们的心理，很难起到疏通的作用，同时，因为教育理念的改变，老师都是以说服教育为主，而一旦有些老师缺乏这方面的才能时，或者在教育管理出现失误、社会媒体和舆论导向又会一面倒地指责老师们时，就会让老师们如坐针毡，在行使教育权的时候，也是慎之又慎不能出现任何过失。

虽然，学校教育充满艰难和挑战，但这并不是我们教育工作者停止脚步的理由，这些困难只会让我们更加意识到伴随、守护孩子快乐成长的重要性。

我觉得，老师们应该放下包袱，不要当板着脸的训斥者，而是充满温情地去关心学生。我们知道，“栽树栽根，育人育心”。青少年的人生观、价值观对他们的学习和工作、智能和个性发展起着指导和调节的作用，要让青少年生活多些阳光、少些阴霾，仅仅靠老师和学校的努力是远远不够的，还离不开社会和家庭的配合，都缺一不可。

虽然这个社会有积极的因素，也有消极的因素，但我们要教会孩子正确去看待它们，从积极一面中汲取力量，从消极一面中总结教训。如果学校教育是一套，社会和家庭教育是另一套，它们互相矛盾、互相抵消，这样的教育就很难发挥它应有的作用。因此，要使学校教育有效地发挥主导作用，必须争取社会和家庭的配合，使孩子健康快乐地成长。

35 家庭氛围：要规则还是要民主

Q：

老师你好，我现在和孩子爸爸在教育孩子方面出现了一个分歧：孩子进入高中后，我感到越来越不好教育他了。比如，在他学习的时候，我要他别听歌，结果他却和我说听音乐和写作业并不矛盾，还给我说了很多的科学道理。孩子父亲觉得，这是家庭民主，不应该责怪孩子。可我认为孩子现在只是半桶水，没多少本领，却觉得自己天下第一聪明，如果凡事讲民主，只怕未来会捅娄子。

A：

从这位母亲的行文中，我似乎能感受到母亲对长大的儿子不听自己话时，那又恼火又揪心的情绪。的确，作为家长，我们注视着孩子慢慢长大，他们牙牙学语、背着书包上学堂的一幕似乎还浮现在眼前，弹指一挥间，怎么从听妈妈话的乖孩子忽然变成满脑子科学民主的小大人了？

妈妈心态的复杂性我太了解了。毕竟，无论孩子多大、有多崇高的地位和多渊博的学识，在妈妈心中他永远是个孩子，永远是个淘气、做事毛手毛脚的孩子。所以，在妈妈眼里，做作业这种“正经事”和听音乐这种“消遣”绝对是存在矛盾的，而正值青春期、学习了最新知识的儿子，自然对这种陈腐的观念嗤之以鼻，还跃跃欲试地想给妈妈把这个事情说清楚，于是，矛盾产生了。

所有的问题，归根结底是亲子观的问题，什么是亲子观呢？它是指家长对子女与自己关系的认识。

我们在前面已经分析过，反映在家庭教育上，最完美的家长模式应该是权威型家长，既要讲民主，也要讲规则。

这不仅仅是简单的讨巧、肤浅的中庸主义。因为在目前的社会，太过讲究规则或者民主的家庭教育，都有着其明显的弊端。

太多条条框框的家庭教育行不通，因为规则都是家长定的，也许在当时是正确、英明的，可是也许过一段时间就会不合时宜了，而家长的信息更新一旦没这么及时，就严重影响孩子成长了。

而民主型家庭这个概念，从西方国家流传进我们国家后，一时风靡全国。的确，民主的家庭教育对培养孩子的良好品行、能力能起积极作用，而我们说的权威性家庭教育也是建立在它的基础之上的。但是民主型家庭教育顺利进行的土壤在中国并不存在，为什么？在西方，当孩子达到一定年纪后，就可以拥有自己人生的第一部车，就可以参加 party、挑选心仪的对象。只要孩子不去干太过出格的事情，家长们不愿意去管甚至也不想去管。

但是在中国，我们真觉得这些问题是孩子讨价还价、和父母讲民主就能妥协的吗？可能 99% 的家长都接受不了这些。所以，当孩子“民主”惯了，一旦两代人价值观产生冲突时，也许就无法心平气和地讨论出个所以然了。

所以，权威型家长才是我们中国父母需要达到的目标。

首先，在家庭教育中，我们要汲取民主型家庭的优点，构建平等意识。家长要摆脱“老子怎样管儿子都是应当的”这种传统家长作风，明确青春期的孩子已不仅是自己的血肉、是家庭的附属，他更是一个独立的社会成员，他有自己的意愿，有自己的思想，他有得到家长尊重的强烈的心理要求。所以，父母应先调整好心态，以平等的态度对待孩子。孩子也会由对父母的“怕”，变化为发自内心的尊重。除此之外，父母要以身作则，创造温馨的家庭氛围，如果家长能努力做到不计较得失，保持微笑和欢乐，这将对全家人的情绪特别是孩子的情绪起到良好的感染作用，有助于实现轻松而且和谐的家庭气氛。相反，如果家长成天愁眉苦脸、经常因为一点小事发脾气、和家人或邻里争吵不休，就会把家庭气氛搅得一团糟，在这种不快乐的家庭氛围下，又谈得上什么教育呢？

其次，倾听孩子谈话，了解孩子的物质需求、心理需求，多做平等交流，尊重孩子的选择，并给出自己的意见。家长不能控制孩子的发言权，要给他表达思想的空间，找出背后驱动着他们的心理因素，然后再告诉孩子这个事情到底能不能做，以及为什么。高中阶段的孩子，心理生理需要都较复杂，表现在注重自身形象、有对异性的渴望、觉得自己是独一无二等方面，所以，家长一定要以尊重的态度，了解他们的内心世界，与之交换意见，尊重他们的选择，帮助他们度过“多事之秋”。

最后，权威型家长应该有把握大方向的能力。和孩子平等相处，并不意味着对孩子百依百顺，只有在大是大非的方向把好关才是对孩子负责任。对于高中生来讲，他们已经半只脚踏入了成人社会，凡事总想自主，更加渴望得到父母的尊重、确立自己在家庭中的地位，但是，他们的心理又没有完全成熟，思想、行为更多地表现为理想主义，恰恰需要阅历丰富、思想成熟的父母的指导。

也许，有家长会很纳闷，该民主、该自由的时候放手，该帮孩子做主的时候果断插手，这个度把握起来多难啊！但我问问你，生活中哪有简单的事情呢？我们养一只小动物，有责任心的人都会去了解它的习性，更何况是自己的孩子呢？世上没有白白得来的果实，也没有放养着就能莫名其妙成功的孩子。我们对孩子进行指导，就是要明确目的、指导有针对性，鼓励其积极向上、真诚美好的思想行为，及时遏制孩子的消极思想。另外，选择好时机、考虑孩子的情绪、场合，进行有的放矢的指导。

尚阳讲故事

美国的斯特娜夫人是一位享有盛名的教育家，她是一个权威型的家长，在她教育女儿的经历里，有这样一个故事：

有一天，孩子问斯特娜夫人："我想到同学家里去玩，可以吗？"母亲问了一些情况后爽快地说："可以，但必须在中午1点半以前回来。"可那天孩子比预定的时间晚了30分钟才到家。斯特娜夫人见孩子回来了，她什么也没有说，只是指了一下墙上的钟。孩子知道回来迟了，马上歉疚地说："是我不对。"下午吃完饭，孩子赶紧换了衣服，因为她每到星期二就要去看戏或看电影。这时，斯特娜夫人又让孩子看看钟，并说：“今天时间来不及了，戏和电影是看不成了。”孩子难过地流下了眼泪。斯特娜夫人并未就此止步，而是说了一句十分惋惜而又耐人寻味的话：“这真遗憾！”

斯特娜夫人说的这寥寥数语，让孩子明白了一个简单的道理：每个人都要为自己的错误付出代价。从此她学会了遵守时间的习惯。

36 掐灭男孩手中的烟

Q：

因为工作原因，我家里一直放着不少香烟。昨天回家清点时意外发现少了几包烟，我立刻意识到也许是儿子拿去了。我不动声色，跟着孩子上下学了几天，果然发现孩子正在抽烟。我很生气，因为我自己就是个烟民，但因为应酬，一直没办法戒掉，现在孩子高中就吸烟，这可怎么办呢？

A：

根据科学调查，很少有人在25岁以后才开始学吸烟，也就是说，青少年时期一旦学会抽烟，他一辈子都可能就离不开烟了。更为惊悚的数据在于，不少的人甚至是在15岁以下就学会了抽烟。

抽烟的危害不用赘述，要想将青少年抽烟的恶习扼杀在萌芽状态，就应该了解他们吸烟的动机以及原因。

首先，由于青少年时期是一个较为独特的时期，他们会很容易受到来自朋友、同学、同伴的压力。伙伴的激励和攀比作用最容易强化个体不正确的吸烟态度与信念。举个最常见的例子，当同学在一起聚会娱乐时，假设有一个人不停地给其他人敬烟并且怂恿，就有人开始尝试并学会吸烟。

其次，社会节奏的加快让孩子们长时间承受较大的生活压力，而克服这些困难的知识和经验储备又不足，所以承受和调节能力较弱，不少意志薄弱的人就会在吸烟行为上寻求心理慰藉，养成了吸烟的不良习惯。

另外，还有不少孩子是受老师、父母、偶像或其他尊敬的人的吸烟行为的影响。我们人类习惯的形成都是一个学习、模仿、逐步定型的过程。老师、家长的吸烟行为在青少年中往往起到误导作用，并且使得反吸烟教育的说服力下降。还有现在影视、漫画、小说里的英雄人物、领袖人物的吸烟行为都会对青少年吸烟心理产生极大的误导和不良影响。这种误导使吸烟行为逐步定型，即使过了青春期，这种定型的行为仍不会消失，反而会一直延续下去。

更有甚者，是以善的名义作恶，不少人坚持认为吸烟有一定的益处。有的学生认为，读书这么辛苦，难免头昏脑涨，但是一旦抽根烟，脑子立刻清晰起来，抽烟能有助于学习；还有些青少年由于受社会误导，认为只有抽烟才能显示男子汉的风度和气质，能帮助自己树立良好的公众形象，是成熟男人的一种社交方式；更有啼笑皆非的观点认为，抽烟是社会交际的必需品，还能增加国家税收，甚至能降低失业率！许多人都是由于这些错误认识而逐渐养成抽烟习惯。

所以，要想孩子不染上抽烟的恶习，最好的方法就是要提前做好预防教育，打好“预防针”，不要给孩子提供一个吸烟的环境。就如同来信的这位家长，就算你因为社会交际不得不抽烟，也请你在家里不要抽烟，不要在家里醒目的位置放一些香烟，做一个不好的带头作用。同时和孩子好好沟通，让他明白，吸烟既不酷，也不能显得他深刻，可谓是百害而无一利，要从思想角度让孩子明白吸烟的害处，而不是单纯的指责。

古人有云："请神容易送神难"，一旦抽烟上了瘾，想戒掉就需要付出很大的努力，针对青少年，我简单谈一点我的想法：

1. 戒烟的时间点：没有未来，就从当下！青少年的烟龄并不长，可以采用直接不吸或者逐渐减少吸烟次数的方法，成功并不难。

2. 立刻丢掉所有的香烟、打火机，和一切诱惑划清界限。

3. 远离损友，避免和抽烟的不良伙伴接触，并远离抽烟场所。

4. 餐后喝水、吃水果或散步，在遇到问题的时候去室外呼吸新鲜空气，而不是求助香烟。

5. 烟瘾来时，要学会做深呼吸活动，或咀嚼无糖分的口香糖，或者去运动，分散自己的注意力。

6. 坚决拒绝香烟的引诱，给自己一些正能量，告诉自己：戒烟是为了自己的前途，为了自己的健康，再吸一支烟足以令戒烟的计划前功尽弃。

尚阳讲故事

列宁从少年时期就学会了抽烟，并且有点沉迷于这个嗜好。因为列宁自幼身体就不大好，他的母亲十分担心他的健康，于是就力劝他戒烟。母亲对列宁列举了吸烟对身体有害的种种理由，然后向他指出，吸烟还是一笔很大的开支，在列宁自己没有挣钱之前，不必要的开支——即使是几个戈比的支出——也是不应该浪费的。当时，列宁还只是个因参加革命活动而被开除的大学生，没有工作以及收入，全家都靠抚恤金生活。听完母亲的话，列宁很羞愧，毅然戒了烟，并且终生不吸。

十月革命胜利后，列宁还在办公室墙上贴上“禁止吸烟”的纸条。在有人不遵守规定依然吞云吐雾时，他生气地当众撕下纸条，指责那些犯错的干部，并且嘲讽他们说“免得糟蹋规定”；后来的一天，列宁去参加义务劳动，一位年轻的红军指挥员看到列宁很激动，出于敬仰给列宁敬上了一支烟，列宁谢绝了，并且幽默地笑着说：“同志，你在战场上和敌人勇敢作战，那么，请也和香烟英勇作战吧！”

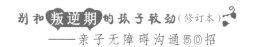

37 简单几招帮助孩子学会攒钱

Q：

我和太太很晚才要孩子，所以对孩子看得很重，基本是孩子张口要什么，我们都不会拒绝。随着孩子长大进入高中，我担忧地发现孩子大手大脚惯了，一点没有攒钱节约的意识，金钱方面的意识也很淡薄，请问尚老师，我们父母该怎么让孩子拥有理财意识呢？

A：

在日常生活中，这样的抱怨不绝于耳："我的孩子从小到大，什么都不会干，就会花钱！"其实，这句话还真说得不对。如果孩子真的会花钱，不仅不是坏处，还是一点长处。实际上，父母们真正应该抱怨的是孩子们不会经营财富，没有理财的习惯。

孩子养成大手大脚的毛病，大多数都是家长造成的，还有些是受到他人和社会的影响：有些家长小时候吃过苦遭过罪，所以当经济条件改善以后，对自己的孩子从不吝啬，尽量满足他们的需求；还有些家长因为家境富裕，对孩子“富养”，纵容孩子大手大脚的行为；此外，由于攀比的心态，很多孩子为了面子，用金钱满足自己小小的虚荣心……

当我们耳闻目睹不少孩子无视父母的艰辛劳动、无度挥霍父母钱财的行为时，我们也无法逃避一个问题：在我们这个以节俭、细水长流为传统美德的国度里，人们生活得到改善的同时，对下一代的理财教育却是一个盲点。财富，是令人向往的，而学会如何支配财富更为重要。我们都知道“授人以鱼不如授人以渔”的道理，与其给孩子留下百万家财，还不如教孩子学会理财。

父母对于孩子金钱上的管理，太过放纵或者太过苛刻都是走极端。我认为，问题的关键不在于钱本身，也不在于父母给不给孩子钱，而是教孩子怎样正确认识钱、如何养成良好的用钱习惯，也就是要教孩子学会理财。

建议一：让孩子明白金钱来之不易。

有些做得比较好的家长，无论实际家庭条件如何，在孩子懂事之后就给孩子阐述这样一个道理：“爸爸妈妈挣钱都很不容易，所以我们不能乱花钱，要学会节省。”这些话语，听起来朴实，却有着特别的力量。

家长要以身作则，不能说一套做一套——一边告诉孩子财富积累并不轻松，一边又大手大脚花钱——而是要合理进行消费。有这种“金钱来之不易”概念的孩子就会开始懵懂地了解，原来平时父母给我的零花钱并不是凭空产生的，它来自父母的辛勤劳动。对于孩子来说，买一件东西究竟需要多少钱，他是没有概念的。但当家长将这个问题具体化后，他就会突然醒悟，原来要购买的这个东西如此珍贵。这样一来，孩子不仅学会了珍惜，更学会了尊重他人的劳动成果，他就会在购物时比较东西的价格，不会盲目消费，不会乱要东西乱花钱。

建议二：家长给孩子的零花钱要心中有数。

首先，不要把零花钱和孩子干家务或给家里出力联系在一起，这也是目前很多家长的认识误区，比如，孩子洗碗一次，给5元，扫地一次给3元，等等。康奈尔大学的著名心理学教授李·沙克博士指出，当孩子因家务劳动得到报酬时，那他就失去了作为家庭一分子的参与感。孩子本应在家承担一些日常生活的责任（比如保持房间整洁、在厨房帮忙等），不是为了钱，而是因为家庭中每一分子都应对家庭有所贡献。

给了孩子零花钱后，最重要的是父母要善于引导孩子合理使用零花钱。比如，一位父亲在教育孩子合理使用零花钱时是这样做的：父子俩先商定每月给多少零花钱，这个零花钱的数目被称为“基础零花钱”，即主要用来满足孩子的日常基本需要。当然，对于“基础零花钱”的去向，孩子必须自己要心中有数，并有一个记录；如果孩子想要提高“基础零花钱”的额度，必须向父母提出申请，一家人通过家庭会议最后决定是否提高零花钱的额度。如果每个月月末，孩子的基础零花钱还能有结余，爸爸就会根据具体数额给出相应的奖励，比如省下了50元，就额外奖励50元，作为额外零花钱；如果“基础零花钱”提前用完了，那么，不好意思，不仅没有奖励，而且还要在下个月的零花钱中倒扣10元。而额外零花钱过年的时候结算给孩子，孩子可以买自己喜欢的漫画书、碟片等等。这样，孩子越是节省，反而到年末的时候能有一笔额外收入，这样大大提高了孩子的积极性。

通过这种方式，家长不仅能够利用零花钱培养孩子合理消费的习惯，而且还能让孩子学会许多理财知识，比如记账、预算、决算等。

建议三：让孩子也有机会当当家。

俗话说，“不当家不知柴米油盐贵”，不做家庭的小管家就不知道如何管理家庭的财务。家长可以选择一个周末，给孩子一些钱，让孩子去安排这个周末一家人的生活：要准备几个菜的食材？出去玩是打车还是要爸爸开车？油钱是多少？如何用有限的资金让大家既能吃得舒心，又能玩得开心？通过这种方式，给孩子一种生活体验，让孩子体会到当家的不容易，以及钱为什么要省着花的道理。

建议四：让孩子体会一下赚钱的感觉。

我是很赞成让孩子假期做一些锻炼自己的零工的，比如有报道称，曾经有夏令营的老师组织了一次社会实践活动，让入营的每个孩子去卖报纸，卖报纸的钱去掉报纸的成本就是自己挣的钱。那一天孩子们都顶着烈日，想着各种办法让自己尽可能地多卖几份报纸。当一天的时光结束以后，有些孩子脸上带着自豪的表情，给老师们炫耀自己赚了十几元钱；还有些孩子则很懊恼，自己没有卖出太多报纸，算一算还亏本了。这个时候的家长已经无须再多跟孩子说什么挣钱是多么的不容易了，因为通过这个锻炼，孩子已经体会到了挣钱的不容易，会更体谅父母，自然也不会再大手大脚花钱。

此外，家长可以把孩子的压岁钱攒起来，达到一定数目以后，经过孩子的同意，给孩子开一个属于他的账户，购买一些理财产品，让孩子学会观察自己资金的盈亏状况，并且给予一些理论指导，这也能极大提高孩子理财的意识。

中国有句古话，“三岁看到老”，从小就培养孩子健康的金钱观和理财能力，让孩子学习如何使用与管理金钱，也是帮助孩子正确认识社会的一种方式；同时，这对锻炼社会实践能力、形成孩子健康人格和良好素质以及处理复杂事物能力的培养都有重要意义。

尚阳讲故事

著名的“股神”巴菲特的童年经历非常值得借鉴：由于出身于一个推销员的家庭，巴菲特从小在父亲的影响下就对财富充满兴趣，尤其对股票特别着迷，当其他孩子还在玩玩具、模型、棒球的时候，他却一门心思盯着华尔街的股市图表，专心致志地画出各种股票价格波动的曲线，并且很精确！这让家人们都感到震惊。

在巴菲特11岁时，他开始了投资，他鼓动姐姐与自己共同购买股票，一起买了每股38美元的一只股票。他满怀信心地等待出手赚钱，然而，该股不断下跌，姐姐沉不住气了，埋怨他选错了股。还好，过一段时间后，这只股票止损上升，上涨到每股40美元，小巴菲特沉不住气了，将股票全部出手，赚了一笔钱。正当他得意的时候，发现这只股票在继续上涨，姐姐又开始后悔，甚至开始抱怨小巴菲特。通过这次尝试，巴菲特收获了教训：在股市中一定要不为震荡所动，相信自己的判断，持之以恒。在此之后，他不断学习，不断地在股市中尝试，加上父母的指点，小获成果。初中刚毕业，他就用炒股赚的钱在拉斯维加斯州购置了一块 40 亩的农场，小小年纪便拥有了不菲的财富。

38 穿衣不着调——理解孩子的“特立独行”

Q：

上初中之后，我发现儿子变得有点奇怪。平时我给他买了好多好看的衣服，可他统统不穿，偏要穿一些看着特别不着调、特别丑的衣服。我看不过去对他说：“你是个中学生，这样穿不好。”他还生气地跟我说：“你懂什么呀，这叫酷。”然后依旧我行我素。对此我真是不能理解，难道孩子是受了什么坏人影响吗？怎么会突然变得这么不听话呢？请尚老师给分析下。

A：

进入初中之后，很多家长发现，孩子身体在长，脾气竟然也在长。他不但在学校不听老师的话、不完成作业，时不时还会逃课或打架；在家里也不听父母的话，冲动易怒，脾气暴躁，不让做的事情偏要做，而且行为怪异，爱穿一些奇怪的衣服，爱做一些奇怪的事。这些情况让父母十分担心，却无从下手，说也说不得，不说又害怕孩子学坏。到底该怎么办呢？

其实，父母不必为此太担心，这一切都是孩子青春叛逆期到来的表现。进入初中之后，孩子的身体开始发生变化，随之而来的就是心理上的相应变化。他们开始从天真幼稚走向成熟，从对家长的完全依赖到自我独立，从家庭这个小圈子走入社会这个大圈子。

在这个心理的“过渡期”，孩子的独立意识和自我意识逐渐增强，他们反对成人把自己当“小孩”，希望赶紧摆脱成人的监护。为了表现出这种独立性，他们对任何事情都倾向于批判和逆反，常常渴望通过一些怪异或极端的行为来彰显自我。正是这种担心外界忽视自己存在的心理，导致他们产生各种叛逆心理，采取各种手段和方法来确立自己的地位。

上述这位家长遇到的问题，正是孩子叛逆期的表现。他渴望按照自己的意愿来穿衣打扮，而不是全部由妈妈支配。虽然这位妈妈觉得孩子的衣服非常丑，可孩子自己可能觉得这样非常时尚，与众不同。

青春叛逆期是初中阶段孩子非常典型的表现，很多家长都遇到过这种“不听话”的孩子，也很奇怪孩子怎么会这么叛逆呢？我们还是像以前一样爱他、关心他呀，为什么会突然变成这样子呢？

要弄清楚孩子叛逆期形成的原因，家长需要先从自身寻找原因。一方面，我们中国的很多家长都有较强烈的“家长意识”，总觉得自己是一家之主，什么事都得自己说了算。尤其是孩子还刚十几岁，什么事都不懂不会，因此必须绝对服从自己，不能有自己的看法和主见。这样的思维导致家长一发现孩子出现“我要自己做”或“不要你管”的行为时就大发雷霆，采取粗暴的全面否定和打压态度对待孩子。这当然会让孩子更奋起反击。

另一方面，由于工作的压力和生活的烦琐，很多家长对孩子关心不够，更不关注孩子心理的变化。这样一旦孩子做出一些看似怪异的行为，家长不是用心跟孩子沟通，而是会大发雷霆，甚至不顾及孩子的自尊和心理承受力而任意打骂。这样一来，孩子和父母之间的战争就会一触即发。

多数家长对孩子的叛逆表现，会采取两种方式对待：一是放任自流，任其折腾，觉得孩子折腾够了就好了；二是严厉打击，非打即骂，妄图用强硬手段把孩子的坏毛病给改掉。客观来讲，这两种方法都不好。叛逆期的孩子自我意识还未完全形成，习惯和品行正处于形成关键期，如果家长任其发展，孩子很可能会被其他品行不好的人给带坏。而全面打击的做法，即便暂时收到了效果，孩子内心的那个抗拒还是存在的，说不定表面听话背地里却和父母疏远而亲近一些品行不好的人。

因此，面对叛逆的孩子，家长一定要尤为耐心并且掌握正确的教育方法。以下是我给家长们提供的一些方法。

第一，理解、信任、尊重孩子。这些词说起来容易，做起来并不简单。父母要把孩子看成一个独立的大人，认真思考孩子的意见和想法，尊重孩子的选择。只有这样，在看到孩子的叛逆行为时，家长才不会盲目地一概否决，而是会意识到孩子内心有问题了，需要好好跟孩子谈一谈。

第二，跟孩子平等相处，做孩子的知心朋友。父母要做孩子最好的朋友，而不是做整天板着脸教训人的家长。很多初中生由于独立意识的增强，会跟父母关系疏远，对此家长应该从心里理解，并且主动以平等的姿态跟孩子重新构建亲子关系，使孩子愿意接受父母，向父母打开心门。叛逆期的孩子跟父母最突出的矛盾就表现在反抗家长作风上。因此，丢掉绝对权威的家长架子，以朋友身份跟孩子平等相处，是缩小孩子跟父母心理距离的重要态度。

第三，有意识地培养孩子独立生活。孩子叛逆渴望的就是自我独立。家长可以从这个角度主动培养孩子的独立性，正确引导孩子学会生活。例如，在孩子的人际关系方面，家长可以主动让孩子代表自己去邻居家做客，或者去亲戚家看望亲人等，以此培养孩子与人沟通的能力。家长还可以遵从孩子的独立心理，主动带孩子参加一些野外训练营训练孩子的独立生活能力，还能由此满足孩子渴望独立、渴望见世面的心理。

第四，父母要采取耐心、疏导的方式对待孩子的叛逆行为。初中生反抗是为了表现独立，对此父母一定要分清原因合理处理。在孩子表现出一个叛逆行为后，父母要深入思考下是哪方面因素导致的。如果孩子是因为自己的家长作风而反抗，那父母就要检讨自己而非责备孩子，并且跟孩子好好地谈谈心。而如果是孩子自身的原因出现的反抗，他们往往一开始听不进父母的教导，这时候父母一定要很有耐心，不能操之过急。正确的方式是以爱护他、体谅他为前提，不断地诚心诚意地关心他、试着跟他对话，表现自己的关怀。这样，即便是很执拗的孩子，也能慢慢体会到父母的良苦用心了。

总之，初中生的叛逆心理是一种情感体验和行为倾向，十分普遍却又不得不管。对家长来说，保持跟孩子的沟通、和孩子心贴心，其实是应对孩子叛逆的最佳方案。如果你能时刻跟孩子打成一片，让孩子对你知无不言，那所有的叛逆和逆反都会轻松解决。当然，要达到这一点，家长们还要多多用心，多多努力。

尚阳讲故事

前世界首富比尔·盖茨是享誉全球的伟大人物，他创办的微软公司举世皆知。然而，你一定不知道，盖茨小时候也有过非常叛逆的时期。

小盖茨少年时非常喜欢读书，简直达到了痴迷的程度，他曾从头到尾阅读了《大百科全书》。这本是一件令父母高兴的事，然而高兴之余，盖茨的父母也非常担心，他们觉得太过于沉迷书本会使儿子变得孤僻而冷漠，失去跟同龄人的接触和友好沟通。于是，他们开始试图让小盖茨做一些其他工作，如聚会的招待员、服务生等。

可是，小盖茨对此不屑一顾，根本不听父母的劝告，甚至公开跟父母争吵。无奈之下，盖茨夫妇只好带小盖茨去看心理医生。没想到，小盖茨面对心理医生的疑问，竟然说“我这样做是为了反抗父母对我的控制”。

当心理医生把这话转述给盖茨夫妇时，他们惊讶极了，并且意识到小盖茨正处于青春叛逆期。于是，他们开始理解儿子，对他不再过于严厉，而是鼓励和支持，并且送他去了一所非常好的私人学校，让他接受更正规的教育。

比尔·盖茨后来承认，当父母这样对待他之后，他开始意识到自己做错了：“我不必再在父母面前证明我自己，我必须开始思考该做些什么向世界证明我自己。”这之后，他开始把精力集中在更重要的学业和兴趣上，并最终创办微软公司，成为举世瞩目的人物。

39 单亲家庭的孩子应该如何教育

Q：

尚老师您好！我是一名单身妈妈，在孩子7岁的时候，他父亲便和我离婚了。现在孩子进入了初中，我感觉心力交瘁，一方面，孩子越来越大，想法越来越多，很难管教；另一方面，我也不知道如何才能弥补他缺失的父爱，无所适从。请问尚阳老师，针对我们这样的单亲家庭，您能给出一些帮助吗？

A：

作为一名教育工作者，我所能尽的绵薄之力，就是能将自己的一些心得和理论让更多的家长和教育从业者借鉴和参考。所以，我很乐意将我对这个问题的一些看法和你分享，希望能对你有些帮助。

在我们的教育对象中，有一个特殊的群体是我们不能忽视的对象，那便是单亲家庭子女。在他们当中，有的是父母离异、有的是父母早逝，由于家庭的破裂，他们的生活环境或多或少发生了变化，孩子的心灵遭受了沉重的打击。一部分坚强的孩子走出了阴影，但同时也有相当一部分的孩子无法面对现实，从而导致各种不良心理的产生，造成心理偏差。现代社会离婚率每年都在攀升，这也就意味着遭遇家庭破裂的孩子人数也在不断增多，这给我们敲响了警钟：家人和老师如何通过教育，帮助单亲家庭的孩子去面对因家庭变故带来的伤害，让他们能身心健康地发展和生活。

总的来说，我认为，要想让孩子们回归平静的生活，陪伴孩子的家长和老师们都要做出努力才行，缺一不可。

对于家长来说，当家庭破裂以后，和孩子相处时，要注意以下几个方面：

第一，学会诚实，而不是用谎言去弥补谎言。

当家庭破裂后，父（母）应该面对现实，找合适的机会告诉孩子这个情况。最重要的一点是，不把离婚的责任推到对方的身上（即使是对方的错），因为对于孩子来说，要接受父母反目这个事实实在太残忍了，家长可以告诉孩子："经过慎重考虑，爸爸妈妈决定不再生活在一起了，但我们都将继续爱你，不管你和我们中的谁生活在一起。"这样既可以缩短孩子恐慌猜疑的时间，又可以更好地开始规划新生活，更重要的是，这样的事情从父母嘴中亲口说出来，和外人告诉孩子，是完全两个概念，否则会令孩子产生被抛弃感，至少是被忽略感。

特别需要注意的是，我觉得家长在孩子面前，没必要用虚假的面孔示人，人非圣贤，都有优点也有缺点，有成功也有失败。当父母首先对孩子敞开胸怀，孩子才可能说出自己对现实的真实感受，从而减轻内心的压力。

第二，不要对孩子一味迁就溺爱。

血浓于水。无论家长之间有什么矛盾，在夫妻离异或一方因故不在之后，作为孩子最亲近的人，为人父（母）者在心中对孩子存在愧疚感，往往会表现得对子女过于溺爱，有求必应，竭尽全力去呵护孩子，以弥补其失去父亲或母亲的遗憾。父（母）的出发点是很好，但这样的结果往往却会导致单亲孩子以自我为中心，变得很不讲道理，缺乏同情心和责任感。

第三，不要在家中传播负面情绪。

单亲孩子的家长心中的痛苦我们作为旁人也能体会到，所以很多单亲孩子的家长心中的愤懑没处发泄，就会对孩子诉苦，而孩子也容易被这些情绪影响，变得偏激和冲动；还有些家长总是把孩子成长过程中出现的种种矛盾和问题都归咎于家庭的不完整，比如，一些家长经常说“你现在这么软弱，就是因为你没有爸爸的原因”一类的话，这种无法改变的事实，只会让孩子变得越来越内向、越来越痛苦，最终会让孩子也认为自己是不正常的。其实，不少杰出人物小时候的家庭也是不健全的，父母是否经常在身边陪伴和孩子是否健康、快乐地成长也没有百分之百的必然联系，所以，家长自己心态要平稳，要让孩子理解单亲家庭也是正常的社会现象。

第四，情感寄托需要转移。

望子成龙、望女成凤是家长们的共同期待，但许多单亲家长却会选择把孩子作为唯一的精神支柱，将人生的所有梦想都寄托在孩子身上，对孩子有过高的要求。家长会含辛茹苦，甚至声泪俱下地要求孩子一定要听话懂事，特别是在学业上要成绩优秀。期望越大，失望越大，当孩子达不到父母的要求时，等待他们的很难有理解，而往往只有埋怨。这会给孩子带来越来越大的压力，一些“懂事”的孩子为了不让家长失望，只得放弃娱乐和休息，努力用高分来安慰家长；而另一些孩子则因为达不到家长的期望渐渐自暴自弃，干脆走向反面，得过且过、不求上进。

总而言之，失去另外一半的家长，尽管心中也许有万般悲痛，也要用平常心去教育和关怀孩子，太多或太少都不可取，正常而平等的爱才是孩子健康成长所需要的。

而对于老师来说，面对这些单亲家庭的孩子，身上的担子也并不轻松。老师们怎么做才能更好地帮助这些孩子呢？我觉得要遵循以下两个原则：

原则 1：永远保持耐心

诚然，就如同很多老师抱怨的，如今的孩子是越来越不好教育了。现在的孩子因为接触的信息量要远远高于 10 年前甚至 5 年前，所以他们并没有传统意义上的“温顺”，很容易叛逆，并且由于心理上发展的不成熟，他们的很多想法完全是以自我为中心的、片面的。而单亲家庭的孩子更容易出现这种倾向。所以老师们要对孩子表现出的种种行为要有清醒的认识，尊重孩子们有时候脆弱的自尊心抑或虚荣心，同时要给孩子更多的耐心，接纳和开导他们的负面情绪——愤怒、怨恨，包容一些过激的行为，比如对父母、对社会不公正的指责。

原则 2：一颗温暖的心

如果非要说单亲家庭的孩子缺少什么的话，一个字可以概括，那便是“爱”。爱并不是简简单单可以用物质去表达的，更多时候是要用真心去帮助他们。发自内心的爱可以从很多细节中自然流露出来，带给孩子的一种感觉就是温暖，与投入时间的长短、金钱的多少、能力的高低无关。老师在和孩子接触的过程中，时不时给孩子一点微笑；当他有所进步的时候，要夸奖和表扬他们；当他们遇到困难时，给予他们鼓励和帮助。这样，孩子就能体会到温暖，然后从这份温暖中滋生出自信心、安全感、信任和爱等有益的东西。

我相信，只要家长和老师共同努力，就算是单亲家庭的孩子也照样能获得成功。不能摧毁我们的痛苦，就能让我们变得更强。

尚阳讲故事

孟子很小的时候父亲便不在了。最开始，他的家住在坟墓的附近，孟子经常喜欢学别人办丧事玩。孟母见此情景，说："这个地方不适合我儿子成长。"于是就带着孟子搬迁到市场附近居住下来。可是，孟子又玩闹着学商人买卖的事情。孟母又说："此处也不适合我儿子成长。"于是又搬迁到书院旁边住下来。孟子又以进退朝堂的规矩作为自己的游戏。此时，孟母说："这正是适合我儿子成长的地方。"于是就定居下来了。等到孟子长大后，学成了六艺（礼、乐、射、御、书、数），最终成为圣贤。

40 孩子染上说谎的恶习怎么办

Q：

尚老师，您好，我是一位13岁男孩的妈妈。最近我注意到，我孩子有时候会撒谎，不知道我应该当面揭穿孩子谎言呢，还是事后再教育比较好？

A：

根据调查，说谎行为在各个年龄段的人中都有，在人的一生中，几乎每个人都有过说谎的经历，终生没有说过谎话的人几乎是不存在的。不过，有的是迫不得已、善意的谎言，而有的则是为了欺骗而存在的信口雌黄。换而言之，就算金无足赤、人无完人，但说谎造成的危害性却有天壤之别，而青少年往往没有权衡这个“度”的能力，所以当我们成年人看到他们小小年纪便面不改色心不跳地说起谎言时，我们自然而然会感到担忧。

孩子的谎言的确让父母和老师伤透心神却又感到迷茫，因为现在的社会并不是永远阳光明媚的，如果让孩子在“永远不能说谎，要做诚实的孩子”的框架里长大，未来当孩子遭遇那些不美好、被碰得头破血流之时，弄不好他会全盘否定自己以前所受的教育，反而走入歧路。所以，家长们很困惑。

是的，如果谎言次次都能奏效，相信很多人会选择说谎，但少有不被人拆穿的谎言，当真相大白的那一刻，那么穷尽一生所建筑的“华丽大厦”，必将因为真相的到来而在瞬间倒塌。

所以作为家长和老师，我们要学会甄别孩子嘴里的谎言，先看看孩子们说谎的类型：

第一种：异想天开类说谎型

与其说这种孩子是在说谎，还不如说是他们想象力很丰富，对想象力丰富的孩子来说，这个五彩的世界实在有太多不可思议的事情了，他们容易混淆自己想象的世界与现实生活，说出一些与事实不相符的异想天开的话来。

比如，有的孩子会在学校里给别的同学炫耀，自己家里有神秘的隐形衣，穿上了就可以隐形；还有的孩子会天真地告诉自己的朋友，自己是爸爸妈妈从垃圾桶里捡回来的，自己爸爸打牌从来都是赢家等等这些话语，虽然不真实，但充满童趣，是孩子天真烂漫的表现。

第二种：恐惧类说谎型

很多青少年会因为害怕承担责任而去说谎，现实生活中这一类型的谎往往是最常见的。比如，有的孩子好奇心重，把自己家里的小电器给拆了，当父母发现电器不能使用时，去质问孩子，孩子第一反应就是保护自己，几乎都会矢口否认，这是在“说真话要吃亏和受惩罚”的片面认知影响下，为了逃脱责任，进行自我保护而说谎的。

第三种：模仿类说谎

有些孩子说谎，其实就是长辈不以身作则而带坏的。不少家长在孩子面前，从不避讳，公然说谎。就拿家庭生活中最常见的情形来说吧：家长看到自己不想接的电话，往往就让自己孩子去接听，然后教孩子说自己不在家的谎话；有些景点，身高低于一米二的孩童可以免票，有些家长为了贪小便宜，故意让孩子不站直，变得“矮”一些。当孩子看到自己的亲人都可以为了目的而去说谎，也就会上行下效，去模仿说谎。

第四种：品质类说谎

事实上，这类孩子数目最少，但往往对周围的人乃至社会造成恶劣的影响。这类孩子心思比较缜密，为了自己的目的而编造谎言，企图蒙混过关，骗人相信。

这四种类型的谎言里，有无伤大雅的谎言，也有充满恶意的谎言。

除此之外，教育专家们还认为，我们可以从撒谎的动机上来区别谎言：有积极和消极两种。

动机积极的说谎指的是出于善意的说谎，即我们平时所说的“善意的谎言”。这种谎言有时候能产生很好的效果，就如同前面我们说的异想天开类谎言一样，让听到的人抿嘴一笑，觉得这个孩子可爱、天真；又比如有些时候他人热情邀请我们参加某些活动，但我们自己又有事在身，断然拒绝会伤感情，此时，撒个小谎说“不舒服”，而婉言拒之，对彼此反而更好……此类的谎话常常听见，但它表现出来的却是对亲情、友情的重视和维护。

动机消极的说谎则恰恰相反，消极的说谎动机包括逃避惩罚、满足虚荣、吸引他人注意、掩盖错误等等。这种类型的说谎即我们通俗意义上所说的“说谎”，是一种不诚实的表现，有着出于“损人”或“利己”的意图，因此当这种现象发生在青少年身上时，需要提高我们的警惕。

上文中列举了这么多关于谎言的剖析，无非就是让家长们全面了解孩子们说谎的情况。

家长在平时与孩子相处时，要学会鼓励孩子说真心话。我们不能根据自己的好恶来选择孩子是否说真心话。有些父母听了好听的真心话就很高兴，而听了令人不悦的真心话就会生气，特别是当孩子做错了事，做父母的如果一开始就凶神恶煞，恐惧会让孩子失去坦白的勇气，使他们开始试图逃避责任，因为说真心话会挨打，所以他们就用说谎来进行自卫。

因此，作为父母就应在鼓励孩子说真心话的同时，做到“既能听得进令人愉快的真心话，也能听得进让人生气的真心话”。同时，在孩子的眼中，父母是他们生活中的支柱，父母的一切言行都对孩子有着潜移默化的重要影响。长辈们应该以身作则，切不可为了达到某种暂时的目的而欺骗孩子、对孩子说谎，处理事情时尽可能坦诚、耐心地讲解道理。此外，对孩子许下的诺言要实现，做到言而有信，万一忘记或无法实现时也应该向孩子道歉并说明原因，这样对改正孩子的说谎行为才有帮助。

只有根据不同的原因采取教育措施，才有益于纠正孩子说谎的不良倾向。在纠正孩子说谎时，父母应循循善诱地向孩子指出说谎的危害性，让孩子在内疚中知错，在鼓励中改错。

这其实并不难，在生活里，只要我们稍作留心，就可以区别对待。如果孩子的谎言只是无伤大雅的玩笑，爸爸妈妈可以一笑置之，不必过于苛责或是附和。对待孩子的这种“吹牛”，父母应该善于利用，可以因势利导、抓住机会，让他们得到成长。例如，通过书籍、电视等一些直观手段，让孩子取得正确的知识，让他们从小能比较正确、公正、客观地看待事物。

有些孩子已经习惯说谎话，屡教不改，甚至有损人利己的行为，态度还极为恶劣。对于这种孩子，大人除了严厉批评之外，还要施行适当的惩罚，戒除孩子的恶习。例如有个孩子，因为父母没有给足够的零花钱，买不起心仪的玩具，于是偷偷把同桌的玩具带回了家，被父母发现后，还谎称是自己捡到的。于是，孩子父亲先是严厉地告诉孩子，这种行为的严重后果——不仅会落上一个“偷窃”的罪名，而且会从此被所有的小伙伴看不起；其次，对于自己想要却暂时得不到的东西，应该用正确的方法得到，而不是去抢、去偷、去骗；最后，父母永远是你的后盾，如果真想要这个玩具，你应该告诉父母，而不是用不正当的方法去获得，同时面对父母的质询时，也不应该撒谎。

同时，我提倡，当孩子说谎犯错的时候，父母要采取教育的方法，让孩子从心里意识到自己的错误，而不是单纯的体罚。那种打孩子或者要求孩子下跪的方法是不可取的，不但无益，还会使孩子产生叛逆心理。同时，“近朱者赤，近墨者黑”，常与说谎的孩子相处会染上说谎的恶习，所以要教会孩子选择益友。

尚阳讲故事

在《左传》里有“食言而肥”这个成语。

这个成语是什么意思呢？讲的是春秋末年，鲁国有一叫孟武伯的大臣总是爱说谎话，不信守承诺，按照今天时髦的话说，就是他嘴里总是跑火车，因此鲁国的国君哀公对他很不满意。有一次鲁哀公举行宴会，孟武伯也受邀参加了，同时，一个叫郭重的体形胖胖的大臣也参加了。因为郭重受到鲁哀公的宠爱，孟武伯平时对他非常嫉妒，所以宴会上孟武伯趁向国君祝酒的机会讽刺郭重说：“你为什么这么胖啊？”

鲁哀公本来讨厌孟武伯，就趁机借题发挥接着这个话头说：“为什么这么胖，是因为把自己说的话吞回去得太多啦，能不胖吗？”（“食言多也，能无肥乎。”）这句话明着是在说郭重，而实际是在嘲笑孟武伯，所以孟武伯听后面红耳赤，十分难堪。

41 过度宅在家里，警惕“自闭症”

Q：

孩子一到假期，白天就躺在床上用 ipad 看电视剧和动画片，有时候吃饭都喊不应，而晚上就喜欢在电脑上打游戏，甚至打到深夜。看到孩子这样，我很生气，有时候还训斥他，要他拿出男子汉应该有的气概来，去打打球，去外面旅游，而不是像一摊烂泥一样赖在房间里不出来。可是就算我把他所有的娱乐设备全部拿走，他还是宁愿在家里待着，就算出去也是遛个弯就又回家了。我很苦恼，究竟我该如何帮助我的孩子？

A：

“宅”这个名词起源于日本，是“御宅族”的缩略，最早是在 1983 年，日本漫画家中森明夫在漫画作品中提出来的，主要描写那些过分痴迷漫画的人。后来“宅”就逐渐演变成对那些待在家里、沉迷于个人的兴趣、爱好，而与社会脱节的青年的称呼。

如今，我们将这些迷失在二次元、虚拟网络里的人称之为“宅一代”，他们以80后、90后居多，大多单身，依赖电脑，沉迷网络，喜欢沉溺于自己的世界当中；性格多少有两面性，有时候会为漫展、游戏展迸发出极大的热情，但在正常交往中显得心不在焉、不在状态，很多人作息时间不稳定，少数人则不想上学、工作。

面对这些喜欢埋头于网络之间的孩子，不少家长感到很茫然、很纳闷：咱们小时候最痛苦的事情莫过于被关在家里，在外面玩多开心啊！无论是斗蛐蛐，还是逮麻雀，都是让人想想就妙趣横生的景象。但时代不同了，"宅"是现代化的典型产物，随着科技的发展，人们生活方式越来越舒适化、便捷化，获得知识的途径也变得多渠道，所以我们不必写封家信后，小心翼翼出门塞到邮筒里，还忐忑地担心邮件是否会遗失，而是轻轻一点鼠标就可以发送一封邮件；看书也不用非得去书店或者图书馆，一部电子阅读设备就让我们可以安逸地在上面选择我们想看的书籍……所以人类就越来越"宅"了。这也是现代化注重个人生活和个人价值的一种表现。

月盈则亏，水满则溢。凡事都要有个度，"宅"也应是如此。如果生活中每一天都这样"宅"下去，那就有问题了，毕竟，我们是活在真实生活里的人，总有些责任需要我们去背负，总有些誓言需要我们去实现，虚拟终归离不开现实，而很多宅男、宅女却因为模糊了这个界限陷入了极端。这种极端冲击着我们人类的社会集体观念，颠覆着我们人类作为"群居动物"千百年来的习俗，所以它带来一些社会病，如自闭、抑郁、孤僻等等。而网络上同性恋文学、腐文化，对青春期的男女性取向产生不良影响，甚至带来社会伦理问题。从这个意义上来说，现代文明病在"宅"这个问题上达到了极致。

那么，对于习惯了这样生活的“宅男宅女”们来说，要想改变的话从何做起呢？而我们家长又能如何帮孩子完成这个转变呢？

首先，要完成心态的转变，孔子说过，三军可夺帅也，匹夫不可夺志。人生在世，总要有一个目标，有一个生活方向。

“宅生活”固然能暂时逃避现实的压力，获得短暂的快乐，但如果将它当作一种生活方式或生存的状态，对任何人而言，这都绝对不是一个好主意。我相信，每个人的内心都有一种自我成长的力量，有着种种对生活的期待和渴求，之所以选择虚拟的空间放逐自己，只不过因为现实的冰雨浇灭了我们心头的火焰而已。是继续沉沦还是努力改变？试着聆听一下自己内心的声音，将内心渴望改变的火种再次点燃，要相信自己是可以而且有能力改变的。所以我们家长要鼓励孩子，而不是一味指责，当孩子遭遇挫折而暂时选择宅生活时，恼怒和抱怨都无济于事，家长应该帮孩子重树自信，引导他重新选择人生目标。

其次，从生活的细节开始转变。

有人说过，当你将优秀养成一种习惯，你就一直优秀。所以，改变要从细节开始。找个晴朗的天气，放下手里的 ipad，去实体书店感受下书香；和家人朋友上街去购物，而不是网络上匆匆下单；好好规划下自己的作息时间，不要除了游戏，就是睡觉；给自己一个计划，多背几个单词，多看几本好书，多陪陪家人，每当完成一件事时，给予自己适当的奖励，以增加自信心。

对于家长来说，要提供给孩子一些机会，让他们可以摆脱宅男宅女的生活，比如，和孩子约定好，一起阅读一本好书，每天可以交流下思想和心得。这样循循善诱，让孩子渐渐改变宅的习惯。

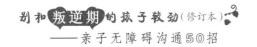

接着，从周围环境入手，开始重新构造社交圈。

选择新的生活方式，就是和过去说拜拜的过程。良好的人际关系来自对自我的认识和接纳，来自对他人的沟通和体谅。人和人之间其实有着一种神奇的磁场，我们往往只会吸引和自己特质相近的人。如果自己埋头网络，自然而然，你吸引的人也会是热爱虚拟生活的人；但是，如果你从虚拟的世界里走出来，扩大自己的知识面，敢于开放自己、表达自己，一定会遇到不少真正欣赏你、懂得你的朋友和知己。

家长要鼓励孩子走出去，结交新的朋友，就算踏出这一步很难、就算进入新的社交圈子会受到伤害，家长都不要投鼠忌器、缩手缩脚，不要因为害怕孩子受委屈，而不鼓励和支持他们。

最后，积极参加一些体育锻炼，多去户外走走。

生命在于运动，运动的好处不胜枚举，不仅可以增加血液循环、强健体魄还可以放松心情、缓解压力、提升精力。当你慢慢习惯了运动带给你的那种愉悦的感受之后，生活方式自然就不知不觉也发生了变化。电脑游戏、动画片……这些东西无论再怎么有趣，一旦你关上电脑，毫不客气地说，就和你没什么关系了。但户外运动带给你的好处，却是实实在在存在的。

家长们要以身作则，要有意识地带孩子们去户外活动，意识到户外活动的重要性。这不仅是孩子亲近阳光和空气、走近大自然的最佳途径，也是锻炼他们形成健康体魄、积极人生观的有效手段。在户外活动中，孩子所受到的制约大大减少，他们在更多的情况下是活动的主动参与者，能满足他们活泼、好动的天性，因此能充分发挥想象力、动手能力和创造力。家长们条件许可的话，和孩子们一起商量制订几项旅行的计划，定期出门旅行，这样不仅可以拓宽孩子和自己的视野，还会让我们更加热爱生活、享受生活。

尚阳讲故事

曾经风靡亚洲的日本电视剧《电车男》讲述的是一个喜欢窝在家里的宅男，因为一次偶遇结识“爱马仕小姐”，并在很多人的帮助下，终于不再“宅”，努力改变自己，最终追求到这个心仪姑娘的剧情。

这个故事是根据真实的故事改编，2006 年 11 月份，故事的原型“电车男”就和爱马仕小姐共结连理步入了礼堂，当时这一消息被当作日本各大报纸的头条发布，无论是喜欢这本小说的民众还是网民们都为他们祝贺。看来，拒绝宅生活，改变自己，还能收获爱情呢！

42 跟孩子聊聊自己的工作

Q:

我是一名普通的出租车司机，每天早出晚归，因为疲惫加上我觉得自己的职业不光鲜，所以回家我都很少和孩子沟通。孩子妈妈是个护士，有时候也要值夜班。还好，孩子很懂事，学习一直不错。前天，孩子回到家，早早就睡了。孩子妈妈看出了端倪，就去询问，原来这个暑假，学校组织一个游学，每个人需要交一笔费用，孩子以为家里拿不出这笔钱，所以就压根不想问我们要，而是自己一个人难过。知道这个事以后，我很懊恼，因为家里虽然不宽裕，但在孩子教育这个问题上我是绝不犹豫的，我爱人也抱怨我，说我没好好和孩子沟通，才让孩子变得这么自卑。

A:

看到你的来信，我不禁欣慰地笑了，多么懂事的孩子啊！但同时，我又很心疼他，因为他把不该背负的心理压力背负了起来。

归根结底，还是你们缺乏和孩子的沟通，特别是在自己的工作问题上。所以孩子既搞不清楚家里的经济情况，也对父母的工作缺乏认知和了解，而自己又特别懂事，所以才会惴惴不安。

我也曾经看过一个让人觉得匪夷所思的故事：一个家境本来殷实的家庭的父亲，颇有些居安思危的意识，于是和爱人偷偷商量，决定对孩子进行“穷养”。这孩子从小就被父母灌输，家里十分困难，所以一定要节俭，一定要努力读书，云云。所以，这孩子在青春期成长期间就被父母弄到寄宿中学去（因为父母担心走漏风声），省吃俭用，背负着很大的压力，而且刚不巧，这孩子偏偏长得也不是英俊型，所以情窦初开的时候，自然是一败涂地。后来，孩子回到家号啕大哭，一把鼻涕一把泪地抱着妈妈说，为什么自己家里这么穷，为什么自己这么苦。妈妈一看孩子这都要憋出心理疾病了，才赶紧告诉孩子：“其实你一直常去买菜的超市都是我们家开的……”

这哪里是挫折教育呢！我们很多家长总以为自己是为孩子好，所以不喜欢和孩子进行沟通，让孩子云里雾里地天天瞎想，不仅让孩子成长中留下阴影，也让他们对父母的信任感产生了动摇。

就比如这位家长的情况，因为疲惫和少许对自己职业的不自信，所以从不和孩子聊自己的工作的做法，显然是错误的。首先，我并不觉得，对于父亲这个身份来说，是日进斗金还是囊中羞涩有太大的区别。很多有钱人家庭不和甚至父子反目的事情并不鲜见，而很多小老百姓却能将小日子过得滋滋润润。家庭需要经营，财富只是其中的一个因素而已。并且，出租车司机这个职业并不卑微，相反，有很多优秀的人才在这个行业涌现出来，实现自己人生价值的人也不胜枚举。所以，你完全可以和孩子聊一聊自己的工作。

“爸爸的职业是一份很辛苦、很平凡但很有意义的工作。当深夜有人生急病时；当瓢泼大雨、行人没带伞时；当着急的旅客要赶航班时……都是爸爸以及和爸爸一样的出租车司机，将他们及时平安送到目的地，将他们从焦虑不安中解脱出来，给他们一个好心情。”

“爸爸和妈妈是靠劳动赚钱，虽然不多，但足以让你接受和你同学们一样的教育，你的任务就是好好读书，只要是正当的、有益身心的活动，爸爸妈妈一定会全力支持你！”

想想看，如果你这样和孩子沟通，孩子会有什么反应？一方面，孩子明白父亲工作的内容和意义，并且这是从父亲嘴里得到的第一手信息，这要比孩子从别人口中得知要好很多；其次，父亲展现了自己的责任和一家之主的地位，让孩子明白，自己才是父母心目中最宝贵的财富，父母并不是为省钱而宁愿自己丧失受教育机会的人。

除此之外，纸包不住火。随着孩子逐渐长大，他迟早会明白父母的职业，而且由于社会一些“现实观念”的冲击，孩子这个时候甚至可能会认为父母无能，认为父母的工作没意义，从而不再尊重父母。所以，还不如在孩子世界观没形成的时候和孩子好好沟通，就如同给他们提前打了一剂预防针。

理解都是相互的，父母很想介入孩子们的生活，其实孩子们也想了解父母的经历。所以，家长们一方面要和孩子多谈论学校里发生的趣闻，孩子和小伙伴们之间的活动；另一方面家长也可以给孩子聊一聊自己的工作，聊一聊对家庭远期规划。试想，如果父母想培养孩子在某个行业上的特长，还有什么比言传身教更能打动孩子呢？

当然，和孩子聊聊工作，并不是什么都能说的，还是有一些点需要注意：

生活不会总是一帆风顺，工作中一定会有难堪、纠结、失落的时刻，但我们不能把工作中的负面情绪带到家中，而是要把以工作为荣、以事业为骄傲的感觉传递给孩子，尽量要用快乐的、幽默的语气来讲述，这很重要。不少心理学家在其论述中都有过介绍，很多孩子对事物好恶的根源就来自父母的言传身教，如果父母总是在抱怨工作或者某种生活方式，孩子自然而然也不会喜欢，甚至从骨子里开始讨厌。所以，父母如何描述工作和生活，对将来孩子成为合格社会一员有着很重要的意义，为此就需要父母充满热情并快乐地给孩子讲述自己的职业，充满自豪感地告诉孩子：因为喜欢这份工作，因为这份职业有如此重要的意义，所以能够不断坚持。“妈妈现在的工作可是有助于保护地球环境哦”“爸爸这个月奖金发了就带你去游乐园”“以后你长大了就接过爸爸事业的接力棒吧”，这样的沟通，能够给予孩子强大的自豪感与热情。

也许会有家长提出这样的问题：“如果是开出租车，或者在学校里当老师之类的工作，这种具体性的工作可能还比较理解。但我是做人力资源管理的，这怎么给孩子解释呢？”

这种情况并不少见，这种略有些抽象的工作的确需要花一些精力、变一些方法来给孩子进行解释，所以有些偷懒的家长就含糊其词，打打马虎眼就糊弄过去了，更是让孩子丈二和尚摸不着头，处于迷惑之中。其实这时就更需要尽可能生动地给孩子讲解自己的工作内容，比如如何从众多应聘的求职者中找到他们各自的特质、写报告的时候遇到了哪些困难、在工作过程中去过哪些好玩的地方等，用具体的实例代替空泛的事实，孩子就比较容易接受了。

孩子的成长需要父母认真引导，父母如果希望孩子们成长后能有正确的职业观、人生观，就和孩子谈谈自己的工作吧！

尚阳讲故事

南北朝时期的颜之推官至给事黄门侍郎，他对子女的教育一直遵循着“读书为上”的原则。

北齐灭亡后，颜之推被迫举家迁徙到长安，朝无禄位，家无积财。面对窘迫的生活，其子问道：“现在我们既没有朝廷的俸禄，也没有积蓄的财产，我们就应当尽全力劳作，来养家糊口，但您却经常督促我们学习，让我们勤习经史，可是您知道吗，我们做儿子的，不能供养双亲，心里感到非常不安啊。”

颜之推听罢，语重心长地说道：“做儿子的把供养双亲的责任放在心上是对的，但做父亲的更应该用学到的知识来教育子女。如果我的丰衣足食是用你们放弃学业换来的，那我真是食不知味、衣不觉暖。只要你们能够努力读书，继承祖上的基业，即使是粗茶淡饭、粗布短衣，我也是心甘情愿的。”

安全篇

指引孩子躲过人生陷阱

开篇小语

一厢情愿的“天下无贼”

在亲子论坛上，曾经有一位家长这样提问：我的孩子已经16岁了，他很阳光，单纯善良没有心机，经常吃亏。我应不应该告诉他一些社会的阴暗面，应不应该教他如何钩心斗角、如何耍阴谋诡计？教他这些会有什么后果？

这也给我们家庭教育提出了挑战，我们该不该把社会阴暗面教育给孩子？

有的家长认为，这个世界虽然有阴暗面，但“太阳照耀下必定有阴影”，家长还是要让孩子看到更多美好的一面，让孩子相信真善美是社会的主流，给他们暴露太多社会阴暗面，对孩子健康成长不利。

也有一些家长意见相悖，认为社会是残酷的，并不是天下无贼。

家长如果对孩子也遮遮掩掩，当孩子自己体会到社会残酷、遭遇伤痛时，已经为时过晚。所以要尽早地让孩子知道和看到这些丑恶，越早越好，打好预防针，就能增加孩子们的免疫力，这对孩子们的成长反而会有帮助。

更有不少家长疑惑的是给孩子讲社会上的阴暗面，孩子幼小的心灵能承受得了吗？如果他们不再对成人世界信任，影响孩子的心理健康发展怎么办才好？

种种意见，可谓是众说纷纭。

那么家长要不要把社会阴暗面告诉涉世不深的孩子呢？我认为是有必要的，特别是在有的孩子已经吃过亏后，那么家长更要提醒他吃一堑长一智，要有自己的判断。

社会阴暗面是真实存在的，好人与坏人是相对的，没有坏人也就没有好人。家长没有必要刻意回避。

当然告诉孩子社会有阴暗面时，也要把握好以下几点：

首先要把握好度，在和孩子沟通的时候要考虑孩子的年龄，以及孩子的接受能力、理解能力，更要考虑到孩子的心理承受能力。孩子太小时家长们最好只从保护自身安全的方面进行引导，当孩子的年龄增长后，家长可以逐渐增加一些内容。

家长要告诉孩子与其切身利益密切相关的社会阴暗面，因为外界的不良诱惑较多，应教会孩子识破犯罪分子坑蒙拐骗的伎俩，防止孩子上当受骗，这是教育孩子的重要一课。

其次，不要走极端，不能以偏概全。有些家长为了不让孩子吃亏，就大讲特讲生活中的阴暗面，讲人性的阴暗面，让孩子变得敏感多疑，对生活充满恐惧感。

如果孩子只知道人心险恶，到处充满着狡诈和背叛，孩子就会对周围的人失去信任，会产生厌世心理。

其实社会有阴暗面，也有温情的一面。家长要多告诉孩子社会中也有温暖阳光，当他长大以后，也能找到知心好友与亲密爱人，他的生活也能多姿多彩。

当孩子对社会的一些阴暗现象提出质疑的时候，家长们可以用“天网恢恢，疏而不漏”这句谚语作为回答，同时要让孩子觉得通过努力，不良的社会习气会得到改变。

最后，也是最重要的，那就是要教育孩子学会辩证思考，提高辨别是非的能力。

天上没有掉下来的馅饼，所有的骗局都是瞄准了我们的软肋，有许多骗子往往披着温情的外衣诱使人上当受骗，达到不可告人的目的。同时，好与坏是相对的，“阴暗”与“阳光”也并不是一成不变的，在看待社会问题的时候我们的思维不能简单化，而是要辩证地看。

另外，随着社会的进步、法制的健全，以及人们文化素质的提高，社会风气能渐渐好转，那些不堪的社会阴暗面也会逐渐消失。

就如同有哲人说过：

“我们不花费时间来训练自己忍受那些尚未到来的痛苦，但是当我们真的遇到痛苦的时候，我们表现出我们自己正和那些经常受到严格训练的人一样勇敢。

“我们爱好美丽，但是没有因此而变得奢侈；我们爱好智慧，但是没有因此而变得柔弱。

“我们把财富当作可以适当利用的东西，而没有把它当作可以夸耀自己的本钱。

“至于贫穷，谁也不必以承认自己的贫穷为耻，真正的耻辱是为避免贫穷而不择手段。”

是的，我们告诉孩子社会的黑暗面，并不是要他们心存绝望，而是让他们带着觉悟和革新的梦想开始生活。我们要用爱去对抗残酷，而不是残酷本身。

给孩子一个热爱生命的理由吧！

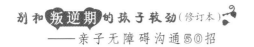

43 了解并引导孩子的“交际圈”

Q：

尚老师您好，随着孩子渐渐长大，我想请教您一些关于孩子交际圈方面的知识，我们家长应该如何引导孩子建立自己的交际圈呢？期待您的答复。

A：

罗曼·罗兰说过，“有了朋友，生活才显出它全部的价值；一个人活着是为了朋友；保持自己生命的完整，不受时间侵蚀，也是为了朋友。”人活在世上，离不开朋友，而你朋友的档次，也决定了你的品位。交友是青少年成长阶段非常重要的事情，朋友伙伴之间常常是互相模仿、互相影响，彼此可谓是无所不谈，可以互诉苦恼、互相同情，孩子们可以从伙伴那里得到温暖和力量。

但是，因为年轻，很多孩子在交朋友问题上，往往缺乏认真的考虑和选择。要知道，优秀的朋友可以互相勉励、互相帮助，在你意志消沉的时候给你动力，帮你指明前行的方向；在你困苦的时候，给你安慰，让你重新振作起来。而损友，只会腐蚀你的意志，浑浊你的心灵，在你需要援助的时候视而不见。

所以，交什么样的朋友很重要，有什么样的“交际圈”很重要。

在交友的过程中，首先需要铭记的是，不要为了交朋友而去交朋友，朋友贵精不贵多。古人有云：“人生得一知己足矣。”能称之为挚友的，有一两个足矣，交一个重情重义、对你付出真心的朋友，胜过交10个口是心非的朋友。

其次，要有宽容的心，容纳和自己意见不一的朋友。论语有云，“君子周而不比，小人比而不周”，意思是君子能做到大公无私，而小人却会结党营私。如果我们一直和一群意见一致的人生活在一起，那么在彼此认同的环境中，我们就很难从朋友的身上吸取新的观念和思想，难以拓宽我们的视野。就像村落里骄傲的大公鸡在没有见到孔雀之前，一定认为自己的羽毛是最漂亮的。只有结识一些差异化的朋友，我们的思想和眼界才能得到开阔，才能意识到我们的局限，提升自己的段位。

而在交际圈中，有些人就算成不了我们的朋友，但他们智慧的闪光依旧可以照耀我们的思想，古人说的“不因其人而废其言”“不因其言而废其人”就是这个意思。有的人行为比较恶劣，境界也不高，我们不认同他们，但对于有时他说的一句话，或者一些内容还不错的观点，聪明的人就不要因为他的人格有问题或者对他的印象不好，就对他全盘否定。

同时，家长们需要知道，孩子的交际圈越广，他能获得的信息量就能越多。孩子们不仅需要与同龄人交往，也要学习与不同年龄、性别、职业的人交流，那么，家长如何带领孩子去扩展交际范围交朋友呢？

一、走进核心亲邻好友圈

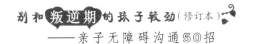

这是我国目前最常见、最有传统的一个交际圈。曾经，“远亲不如近邻”，邻里之间的关系是鱼水情般的亲密。但随着市场的发展，大家都搬进了高楼大厦，邻里之间形同陌路的也不少见。我觉得，家长们应该鼓励孩子和邻居家的孩子多玩耍，这样比较便捷，同时也很安全。

亲朋好友自然不用说，多与这些熟人走动，让孩子们去体验不同的生活环境和方式，在适应新环境的过程中，交往能力也会得到锻炼和提高。

二、扩展同学圈

三人行，必有我师，学校教育的相当一部分价值是由同学师生间的思想交流得来的。这些交流与切磋，能使学生的思想变得锐利，会激起他们的雄心，开发他们的能力。最重要的是，这些碰撞还能启发他们对未来的新的希望、新的理想。固然，书本上的知识很有价值，但是学生们由彼此的交流沟通中得来的知识与体悟，更是他们生命中的无价之宝。

三、参与集体活动圈

现在的世界，就是一个地球村，所以，交流也越来越便捷。现在针对青少年的集体活动也越来越多。家长应该多鼓励孩子参加学校、社区等组织的活动，有条件还可以参加跨国、跨地区的夏令营。这样的活动不仅可以让孩子们结识更多的朋友，也能让他们在活动中学会和他人交流、协作。集体项目可以培养孩子的团队精神，个人项目可以锻炼孩子的自我表现能力，而这些都是现代独生子们缺少但又重要的人生历练。

另外，例如捐助山区儿童上学、到孤儿院服务等形形色色的爱心公益活动，家长们也可以带孩子们去参加，这不仅能培养孩子的爱心，让他们懂得珍惜来之不易的生活，也能培养出他们的悲悯之心，同时锻炼他们与不同背景的人交往的能力。

四、享受户外运动圈

在现代社会相对更封闭的生活环境中，孩子们其实缺少伙伴，这也是为什么不少孩子沉迷网络的原因。参加体育运动，可以让孩子获得身体和精神的放松和享受，并且这不像大多数课外补习班里上课时孩子们仍旧各自学习，而是让孩子们形成一个团体，彼此合作或者竞争。体育运动的游戏性质让孩子们精神更松弛、性格更开放，接触同龄朋友时，更容易拉近距离。

此外，家长可以经常带孩子到郊外、公园等公共场所去玩耍，让他们有机会观察、接触不同的人群。在保证安全的情况下，可以鼓励孩子尝试与初次见面的小伙伴一起玩，有助于提高孩子心里对陌生环境、人群的适应性，锻炼他们的交往能力。

总而言之，当人和人彼此心心相印时，力量是无法估量的，打造出良好的交际圈，让孩子展示自己、打造自己，生活就能更加精彩。

尚阳讲故事

马克思与恩格斯这两位革命巨人之间的友谊，至今都被传为佳话。马克思对恩格斯的才能十分敬佩，说自己总是踏着恩格斯的脚印走，而恩格斯总是认为马克思的才能要超过自己，在他们的共同事业中，马克思是第一提琴手而自己是第二提琴手。《资本论》这部经典著作的写作及出版，就是他们伟大友谊的结晶。

44 不要对孩子的异性朋友太敏感

Q：

我家孩子最近说要和一些朋友出去旅游，我也就答应了，结果送他上车的时候，我发现同行中还有几个男孩，于是心里有些犯嘀咕——孩子不会在外面游玩的时候“犯错误”吧？尚老师，您觉得我的这种担心是多余的吗？

A：

看了你的来信，我能理解你的担心，但事实上，你的这种思想真的有些“陈腐”了，有些和社会脱节了。

根据媒体报道，南京心理危机干预中心的一位专家曾发表了这样一个观点：“前些年，很多家长都来咨询关于孩子早恋的问题，近些年，很少有家长来咨询早恋问题了，倒是孩子年龄不小了却不谈恋爱，成了不少家长咨询的热点问题了。”至于高中生恋爱问题，他认为，这是孩子在人格形成中的重要一环，父母更应该进行正确引导，而不能盲目压制。

而上海少女意外妊娠预防和干预示范点在 2013 年公布了“中学生恋

爱观”的调查报告，其中在接受访问的300多名家长中，过半家长不反对高中生恋爱，反而认为“高中生恋爱符合情理”，其中14%的受访家长甚至选择了“接受并希望带对方回家看看”。

你看，现在的时代已经变了，不要说异性朋友了，就算是以前家长闻之变色的“早恋问题”也早已不是洪水猛兽，所以你的心态大可放轻松，我们要允许孩子有异性朋友。

为什么我们说，不要对孩子的异性朋友太敏感呢？

第一，兴趣爱好可以互补

大家都知道，男孩和女孩的爱好可谓是大相径庭：男孩子爱玩机器人，爱出去疯，爱打电脑游戏；而女孩子爱玩芭比，过家家，装扮自己，爱跳舞……当男生和女生接触后，就能开阔自己的眼界，打开发现世界的另外一扇窗户，彼此都能从各自熟悉的领域中学习。

第二，性格可以互补

男孩的动手能力要比女孩强一些，这也是他们的社会属性和人类进化史决定的（史前人类都是男人去打猎，女人采摘果子）。所以，你看当男生和女生在一起的时候，男生往往会显得成熟稳重很多，会自告奋勇地去完成一些体力活和难题。而女生和男生在一起时，也能更好地展现自己的性格特征，往往会展现出自己美丽的一面。

第三，有助于提升学习效果

早就有专家指出，男孩女孩在智力发展上就如同树木的两个分叉，是有区别的。当然这种差别不是指智商方面，而是说男孩女孩的特质不一样，女孩可能语言发展会更早一些，男孩运动神经发展会相对好一些；女孩比较感性，文科方面比较灵光；男孩比较理性，往往对理工类课程更有兴趣等等。所以在一起学习的时候，可以一起研究、取长补短。尤其是现在，要求孩子合作的项目越来越多，孩子们一起合作对其成长也是一种好处吧。

现在绝大多数小孩子天生的智商其实是处在同一起跑线上的，天才或者智力障碍都是极少数。情商、逆境商这些因素反而是拉开他们成长距离的关键。而这些能力的培养都是需要在集体生活中完成的，如果孩子只与同性接触，那么一旦他们面对异性占多数的环境时，就难免手忙脚乱，因此，家长们早早为孩子们提供这样一个环境是极其重要的。

有家长也许此时有疑问，难道孩子交异性朋友的时候，我们家长就这么放任不管吗？答案显然是否定的。

要知道，青春期是一个特殊的时期，孩子们在这个阶段智力迅猛发展。这个年龄段是人一生的观察、记忆、思维、想象以及创造性地解决问题的能力最高峰的时期，在这个时期，孩子的抽象逻辑思维开始占主要地位，情绪发展强烈多变，自我个性觉醒，因此总想摆脱父母和老师的管束，不承认自己是小孩，希望父母和老师充分理解和尊重自己的人格。

因此，我们要给孩子树立正确的“异性交往”的态度。

第一，我们家长首先要将正常交往带来的益处和那些越线交往所带来的弊端区分开来，摒弃“异性交往没什么好处”这样陈腐的观点，行为上杜绝那种到处查岗、对孩子盯梢的错误做法。切忌将不恰当交往中出现的问题归咎于正常的异性友谊或异性关系，并由此全盘否定青少年的异性交往。同时，要帮助孩子树立正确的人生观、价值观、友谊观。不同的人在处理同一件事时有着不同的结果，良好的人生价值观是交往关系亲密性、深刻性和持久性的主要调节器，能够不断净化、优化交往心理，使择友、交友从盲目的自然状态上升到自觉的理智水平。

第二，家长作为过来人，应该给孩子们讲述一些方法，要告诉孩子们与异性交往时，一定要把握好“自然”和“适度”两个原则。所谓自然原则，就是在与异性交往过程中，言语、表情、行为举止、情感流露和所思所想要做到自然、顺畅，既不过分夸张，也不矫揉造作。彼此都能自然而不做作是建立正常异性关系的前提。所谓适度原则，是指异性交往的方式要恰到好处，应为大多数人所接受。把握好异性交往的度，包括广度、深度、适度，把握好这些交往的度，才不致异性交往时过早地萌发情爱，从而引发一些不可控制的后果，又不因回避或拒绝异性而对交往双方造成心灵伤害，和异性朋友相处时，应豁达、勇敢、尊重对方。

那么，如果万一自己的孩子恋爱了，家长应该做怎样的引导呢？

我觉得，这个时候家长应该侧重对孩子的爱的教育和安全教育，如果强加拆散，绝对不是一个好办法，相信经历过青少年时期的家长也能想到，如果蛮横地“棒打鸳鸯”，反而会让事情朝着不受控制的方向发展。

一言以蔽之，人际交往实质上是心灵的碰撞、心理的交流，归根结底，家长们要重视启发孩子们的内部心理机制，用自己的意志和理智来调节自己的交往心理和行为。用理智来管住自己的心，加强意志锻炼，做感情的主人。

尚阳讲故事

鲁迅的童年生活非常艰辛，父亲长期卧病在床。一次，因父亲病重，鲁迅一大早起来便去药店买药并照顾父亲，结果上学迟到了，受到了老师严厉的批评。鲁迅并未为自己辩解，只是默默回到自己座位上，在桌子上刻了一个“早”字，从此以后，无论肩上有多少重担，他都坚持第一个来到学校。直到成年后，课桌上的“早”字，依旧激励着他在人生路上不断前进。

后来，他成为著名的文学家、思想家和革命家。正所谓：“胜人者有力，自胜者强。”能控制自我的人，方能控制人生。自律的人生藏着无数种可能，自律让优秀的人变得更加优秀。

45 孩子陷入“网恋”怎么办？

Q：

尚阳老师，发现女儿网恋的时候，我感到十分惊慌失措。那天是偶然，我帮她整理房间，发现她出门后电脑和QQ没有关。我好奇地看一眼，却发现上面有人发信息过来：“老婆，我好想你！”

一查对方网上资料，发现对方是个二十几岁的男孩子，我没按捺住好奇心，再看女儿与他之间以往的聊天记录，两个人在QQ上，俨然是热恋中情人的样子。这让我大惊失色。我就想不通：孩子又不缺乏爱，为什么会陷入网恋呢？我让她接触电脑、给她自由，难道错了吗？

A：

互联网是人类最伟大的发明之一，说它大大促进了人类文明的进步都不为过，不过由于网络没有地理空间上的界限，鱼龙混杂，它在给人类提供各种便利的同时，也成为受非议最多的信息媒介。

而网恋，这个曾经时髦的词语，对于我们家长来说已经不再陌生。因为青少年网恋的情况已经不是少数，而是成了一个需要老师和家长介入和帮助的问题。在网络世界里，虚假远远比真实要多，“没有人知道你是一条狗”，性别、年龄、经历都可以伪装……而现在的青少年虽然是网络原住民的一代，但他们社会经验不足，感情又比较热烈和纯真，所以容易被网络上的花言巧语所欺骗，坠入网络恋情的温柔乡，常常成为诈骗、强奸、抢劫、凶杀等恶性案件的受害者。

那么，究竟是什么样的魔力吸引着这些孩子对“网恋”这一虚拟化的情感交流方式如此投入呢？

我觉得有三个主要原因：

原因一：很多青少年感到空虚，从而在网上寻找精神寄托。

现在的青少年以独生子女居多，缺少同龄朋友。在学校里，老师们重视升学和考分，而在家里，父母们也有着自己的工作，很难和孩子长时间相处，都忽视了这些孩子的心理健康的教育，忽略了孩子们的情感需求，当孩子们感到空虚后，就自然而然在网上找寻自己的寄托了。

况且，正值青春期的孩子，情窦初开，正是心事最多的时候，而孩子们心里的这些小九九，在大人们看来，都是不值一提的小事，而这些事和自己的小伙伴分享，似乎又有一些羞涩。既然没处倾诉，他们总要找到一个倾诉的对象或者精神寄托，而互联网里的各种交友互动模式，则大大满足了这些孩子的需求。

在网上，他们完全不必担心对方会泄露自己的小秘密，也不必直面长辈、老师们的痛心疾首，孩子们都感到没有压力、很自由，平时憋在心里的一些悄悄话都能说出来，不为别的，光这种不受拘束的快感，就足以使他们飘飘然了，这是一种解脱、一种释放。一旦网上有人对他的故事表示兴趣，愿意做一个倾听者时，他就会觉得受到了关注，就会自然而然地对这个人产生好感，就很容易产生爱情的萌芽。

原因二：对异性的渴求与向往。

爱情，这个千百年来被无数人赞美的情感，是每个正常人都想拥有的珍宝。孩子们通过自己的学习和领悟，渐渐地也萌生了对爱情的向往，但是因为他们还年轻，对爱情的理解还不够深刻、不够准确，有位艺术界的名人曾经说过："一个没有真正走入社会的青年，在政治上无所作为、艺术上无所成就，放弃自己的事业，过早地考虑婚姻家庭，就等于毁了自己的青春。"但青春期的孩子们很难理会这些成年人的忠告，他们觉得自己的想法是最正确的。在和陌生网友的沟通中，很容易感受到异性的理解、体贴和温情，对异性的好奇心和渴求心也能得到补偿，特别是网络具有很大的欺骗性，照片、视频都可以美化和作假，所以这些"网络的陌生人"呈现在我们面前的，似乎是自己身边不具有的优质男性/女性，再加上"距离即是美"的神秘感，网恋发生的概率也就相应提高了。

原因三：日常生活的枯燥与网络世界的光鲜。

老实说，中国的青少年是活得比较辛苦的。在学校，虽然一直提倡"减负"，但高考这根指挥棒没落下，所有的学生还是得和书海卷山为伍。

音乐爱好、书画天赋、动手能力、社会实践，这些都成了珍贵的体验。现实生活中做不完的数理化、写不完的英语和语文，才是当前孩子们的生活常态。

“少年不知愁滋味，为赋新词强说愁”，在古人的世界观里，小孩子是没什么烦恼的，但现在的孩子真的是有压力。而每个人的抗压能力大不同，有的人能从压力中找到正能量，而有的人则开始厌倦学校生活，腻烦读书学习，以一种躲避现实、自我隔离的方式沉迷网络。在网络世界里，你尽可以给自己伪造各种各样的身份，体验不一样的生活，当这些青少年沉迷于虚拟世界以后，也给网络恋情提供了土壤。

孩子陷入网恋的旋涡，我们长辈有一定的责任。我们的本意是使青少年能够更好地利用网络和计算机增加知识，但不是给他们提供网恋的温床。不过，采取简单粗暴的做法阻止他们接触互联网的做法是不恰当的，而是要从解决产生这一现象的心理问题出发，加强交流与引导，这样才能让中学生摆脱网恋的诱惑。

从父母角度来看，父母是子女的第一任老师，家庭是子女成长的第一课堂，子女的性格培养和父母息息相关。如果父母是责任感强、有正确人生观的家长，平时又肯将时间花在孩子身上，很难相信他们的孩子会迷恋网络上的虚拟情感。同时，就如同我们前文所说，家长要引导孩子拥有良好的交际圈，多和现实的朋友同学接触，充实他们的业余时间。

从学校角度来看，学校要多举行一些安全讲座，提高学生们的防范意识，同时要多关心和体贴学生，在尽可能的情况下，让孩子们多一些健康的娱乐选择，让他们的学校生活更加快乐并且充实，学校和家庭要齐心协力，多碰面通气，保持联络。

从孩子们自身来看，要多从良师益友或者书本中获取正能量，提高自己的警惕和辨别是非能力，有着保护自己的意识，提升自己的品位，这样才会从根本上杜绝坏人乘虚而入的机会。

尚阳讲故事

有一次，爱默生和他的儿子想把一头小牛赶进牛棚，但他们犯了一个普遍性的错误，他们只想达到他们自己的目的。爱默生在后面推小牛，他儿子则在前面使劲拉小牛。然而小牛犊怎么也不肯合作，任凭爱默生父子累得满头大汗，它就是蹬紧四腿，顽固地不肯离开原来的地方。爱默生的女仆看到了这个僵持的场面，就跑了过来，她比爱默生了解牛的牲格，知道小牛想要什么，她把拇指放入小牛的口中，让它像吮吸母牛的乳头一样吮着，结果毫不费力地把它引入了牛棚。

爱默生感叹道："如果你希望牛和你合作，你就必须先了解牛的需要。其实人与人相处又何尝不是如此呢？"

父母要先了解孩子的需求和原因，才能提供正确的帮助和引导。

46 安全上网，拒绝黄色网站

Q：

我儿子今年上初三，昨天下午一个人在家玩电脑。晚上我发现上网记录有黄色网站的网址，因为他喜欢上一些小游戏的网站，估计是玩游戏的时候冒出来的，然后他就点进去了，我看了上网的时间每次打开也就显示几分钟，应该不是故意去看的。不过我真害怕孩子上网就会看这些东西，我也想跟他谈谈，但是不知道怎么开口，怕本来没什么的，谈谈倒真的出问题了。

A：

这位家长面临的问题不是孤立问题，而是一个社会问题。我给你的建议是，一方面，安装绿色软件，从计算机安全防护上杜绝网络黄色网站，不给孩子接触它们的机会；另一方面，建议你开诚布公地和孩子聊一聊这个话题，从孩子心里建筑起一道防火墙。

作为家长和长辈，我们真诚地希望互联网能成为青少年的良师益友，能成为他们获取知识和行业技能的宝库。但是，互联网上总有一些不良信息冲击着我们的道德底线，污染着社会风气。

与传统的色情制造、传播相比，网络色情具有如下一些特点：

一是广泛性与集中性。在网络这个虚拟空间，储藏着海量的不良内容，既有文字的信息，也有图片信息。

二是匿名性。在现实生活中，可能迫于道德或法律的威慑，一些人对不良内容或不良服务会有所顾忌。但网络的匿名性，使得一些网民尤其是青少年网民禁不住诱惑，铤而走险，或者向他人提供不良服务，或者迫使他人为自己提供不良服务。

三是开放性与互动性。网络是跨地域、国界的，不受时空阻隔。网络的互动性、参与性非常强。

四是监管的困难性，因为黄色网站往往是在国外注册，所以在监管性上就存在很大的难度。

我认为，这首先需要社会加强法制和行业自律，并且通过专业技术手段的监控，最大限度地减少互联网的低俗内容，净化网络空间，保护青少年的健康成长；同时在网上多传播一些正能量的信息，不断丰富科学文化知识，并且以青少年易接受的形式表现出来，使之成为广大学生学习的宝库、健康交流的平台。但这些目前还只能是一个美好的愿望而已，对于网络上已经存在的黄色文化、淫秽垃圾，更多的要靠我们自己的约束力自控力来解决。

所以，治标还需治本，我建议青少年们一定要有决心有能力远离黄色网站的诱惑，以免使自己深陷泥沼，身心都受到不良的影响。我很理解，孩子们进入青春期后，身体的躁动和对异性朦胧的情绪都让孩子们需要发泄，但这不是沉迷不良文化的理由，要知道，低俗作品是有意突出其低俗成分来诱惑人的。它的制造者的目的就是吸引我们，甚至让我们沉湎其中。因此，建议那些立志要成就一番事业的青少年朋友们一定要远离这些不良因素。

另外，家庭要负起监督的责任。一些父母对子女缺乏必要的监督是导致子女沉溺在网络的一个重要原因。家长要教会孩子们在网上分辨谁是良师、谁是益友；什么是垃圾，什么是毒品，提高学生健康成长的意识，教育他们自觉抵制低俗之风的侵袭。过去我们说青少年的成长主要受家庭、学校和社会三方面的影响，现在必须加上互联网的影响。要使青少年形成健全的人格，不但需要良好的家庭教育、学校教育和社会教育，同时还要特别警惕使用互联网不当而给青少年人格成长带来的负面影响。

害群之马很常见，每个青少年身边或许会存在一些有不良习惯的青少年，虽然也许他们本质不坏，但不得不说，他们对正常孩子的影响还是比较大的。这些有不良习惯的青少年的学习成绩不好，对自己的人生前途迷失了方向，得过且过，他们会怂恿自己的同学看黄网、玩网游、打群架，最后逐渐与自己为伍。“近朱者赤，近墨者黑”，最好的办法就是远离这些人群。

而当在成长过程中有幸遇到了品质纯良、学业优秀的朋友时，要有向他们学习的主观能动性。通过与这些品行兼优的同学交流，让他们的品行成为我们的参照依据，以使我们的人生品质不断地提升起来。好朋友的品质就像是一盏明灯，不但能照亮你当下的前进路途，更让你心中阴暗的角落也能变得明亮起来。

当然，如果偶尔或者无意点进了黄色网站，受到刺激产生欲望，这些都是正常的，不该受到指责。但有一些人无法控制自己的欲望，沉迷于此，甚至走向犯罪的道路，这就是严重的错误，会受到法律的惩罚。青少年们要分清现实和虚幻的界限，就如同我们看了武侠电影不会真的去行侠仗义，看了魔幻电影也不会真的想变身去与恶魔战斗，同样，就算不小心看了这些黄色网站，也不能真的去以身试法。

尚阳讲故事

南风与北风比赛，看谁更有力量。北风说，你看，路上有一个行人，谁能让他脱掉身上的大衣，就算谁赢。南风笑了笑，同意了。于是，北风立即呼啸而起，让行人感到一阵刺骨的寒冷。可是，行人不仅没有脱掉大衣，反而把大衣裹得更紧了。北风使尽浑身解数，也无法达到目的，只好无可奈何地退了回去。

温暖的南风开始轻柔地吹拂行人的脸庞。行人感到越来越暖和，越来越燥热，不由自主地解开了纽扣，然后脱掉了大衣。这样，南风就向北风宣告自己赢得了胜利。

有时，我们已经找到了问题的原因，也知道什么是正确的，但没有采取正确的方式，反而使事情变得更糟。

47 “义”字——给儿子一个正确的解释

Q：

专家你好，我的孩子刚进入高中，昨天，我看他鼻青脸肿地回了家，一经询问，原来他的几个同学和别的班同学产生了矛盾，他傻乎乎地跑过去帮忙，结果被人家给打了。听完他的讲述，我一肚子的气，于是生气地斥责他，谁知道他脖子一拧，顶嘴说：“爸爸，不是你告诉我男子汉要讲义气吗？”的确，我是说过这样的话，可我没想到孩子会去帮人打架啊！请问专家，我该怎么做呢？

A：

有记者曾经探访过少管所，他发现，里面不少孩子就是因为义气而犯了错误。在和这些犯错的孩子相处了一天以后，记者总结道：这些孩子们有着自己独特的性格特质，比如思想活跃、乐于表现。他们对新鲜的事物非常感兴趣，文化程度较高，综合素质也较其他罪犯高，但他们往往就因为哥们义气，一时冲动而犯错。而少管所的管理方也认为，这些孩子其实并没有根深蒂固的恶习，在日常改造中乐于表现自己，并且积极参加监狱、监区组织开展的各项文体活动。他认为，只要对症下药，做好教育工作，这些孩子还有很强的可塑性。可见，因为“义气”，多少孩子误入了歧途。

“义”字当先，“义”字为重，中国人自古以来就把“义气”这个词看得很重要，但少有人知道，“义气”究竟指的是什么意思。

“义气”一词在《辞源》上有两种解释，一是指“刚正之气”，二是指“忠孝之气”。你们看，这么正能量的意思如今却变了味道。在现如今不少人眼中，“义气”一词的含义已经变得狭隘，狭义地成了“为朋友两肋插刀”。其实义气是要讲原则的，如果不辨是非、没有自己的原则，不顾后果地迎合朋友的不正当需要，这种义气就是一种无知和盲从。特别是青少年，如果与品行不端的所谓“朋友”纠缠不清，而自己偏偏又对“义气”片面理解，吃亏的只有自己。

就连我们刚刚说的“为朋友两肋插刀”，其实也是以讹传讹的结果，这个谚语并不是说为了朋友，可以在自己肋骨上插刀。它的来历是一个叫秦叔宝的人为了救朋友，于是染面涂须去登州冒充响马。路过山东济南城南的双阳岔道，道旁有一村庄，名为两肋庄，他在岔道想起老母妻儿，开始心中犹豫，因为这两条路一条路去登州，一条路去历城；一条路刀光剑影，一条路可以安稳回家。但最后秦叔宝为了朋友，还是视死如归去了登州。于是就有了“两肋岔道，义气千秋”。“秦叔宝为朋友两肋庄走岔道”这句话传来传去就变成了“秦叔宝为朋友两肋插刀”之说。

所以，这本来是指美好善良的境界和正直正义的气节，却和今天所谓的哥们义气相混淆。在“义气”的前面，加上了“哥们”二字，这便进一步表明“义气”的内容，即是为“哥们”的“义气”。而“哥们”一词源于旧上海，“哥们义气”也就好像带有贬义了。

我们的中学生中也有一些人喜欢互相称兄道弟，醉心于哥们义气式的友谊，看了影视的某些负面宣传，认为这样的关系才是真正的朋友，这其实是大错特错的。做人不能盲目地讲哥们义气，讲义气要看事情来，不要一提到义气就不顾一切，假如你朋友邀你去一起做坏事，这样的义气就不能讲！这不叫义气，而是蠢气、迂腐之气。

那么我们中学生之间要不要讲点“义气”呢？要！但不能讲“哥们义气”，而是应该帮助朋友进步。当朋友出现问题的时候，帮他改正，而不是成为其帮凶。作为青少年，我们应该胸怀远大抱负，有着自己健康的人生价值观。一个人的道德高、修养高，这个人才有做大事的本领，才会有坦荡宽阔的心胸，遇见各种突发事件才会有随机应变的才智。这种人还会有一种强烈的自信心，因此很有主见与原则，能把结果掌握在自己手里。这种人，才拥有真正的大义气，是真正的男子汉，反之只有人云亦云、没有主见的人，一旦结交一些狐朋狗友之后，整天就只会称兄道弟，变得遇事暴躁、心胸狭隘，最终给自己的生活带来种种麻烦。

因为狭隘的义气观，最终身陷囹圄的事情不在少数。有一个少年犯，因犯杀人罪被判处死缓。案情很简单，就是这个少年脑子一热，帮朋友去杀了一个争风吃醋的仇人，可悲可叹的是，他在杀人时竟连被害人的姓名都不知道。入狱后一段时间不知后悔，认为自己讲“义气”、够朋友，是个“好汉”，后来发现自己要遭到法律的严厉制裁时，才追悔莫及。

世界上有些东西表面相似，实质相反。譬如，面对坏人坏事，勇敢站出来斗争就和欺负老弱妇孺不是一个层面，办事机灵和昧着良心骗人也不是一个层面，英雄与亡命徒等，这些都是一褒一贬、泾渭分明的两端。可是，实际做起来，如果缺乏分辨能力，因其相似，很容易走向另一极端，犯严重错误。

因此，我们要提倡真正的友谊，反对哥们义气，反对不经大脑的行动。希望孩子们能确定自己的底线，好好思考一下自己的思想、行为，明辨哪些属于真正的友谊，哪些属于哥们义气，更希望大家都能珍惜青春时光，因为在这灿烂的时光里，不仅有形影相随的师长和朋友，更有相知、相依、相进取的故事，而不是一味地争雄斗狠、浪费光阴，最终害人害己。

尚阳讲故事

中国人烧香，第一把香叫作仁义香，那么，这里面有什么故事呢？

燕国的左伯桃、羊角哀两个人是挚友，一次听说楚国国君正在广纳天下贤士，两人就结伴去楚国。当他们走到东刘村时，遇到大风雪，周围地广人稀，干粮也基本上吃光了。左伯桃担心继续走下去，两人不是被冻死，就是会饿死，于是寻思把自己的东西给羊角哀一人用，这样羊角哀或许还能活下来，自然而然羊角哀坚决不同意。第二天醒来，羊角哀发现身上盖着左伯桃的衣服，旁边还放着左伯桃的干粮，却不见左伯桃的踪影，后来发现，左伯桃已经冻死在附近的一个树洞里。羊角哀把树洞封好作了标志后，一边抹泪一边出发。

到了楚国后，羊角哀受到了楚王的器重，被封为大将军，但他心里一直牵挂着好友左伯桃，就请求去拜祭左伯桃，楚王深为感动，当即准假。羊角哀把左伯桃安葬好后，就落宿在附近，夜里忽然听到厮杀声，这个时候左伯桃托梦告诉他，附近的荆将军（有人称是刺秦王的荆轲）经常欺侮他，羊角哀怒不可遏，先是烧了一些纸做的兵士给好友助战，但不管用，当天夜里，左伯桃依旧托梦诉苦。于是羊角哀想将这个荆将军庙拆掉，但遭到当地老百姓的反对，羊角哀是忠义之人，所以只好作罢。最后，他不忍好友受欺，就自刎前去帮战。当天夜里，杀声震天、电闪雷鸣，老百姓第二天起来一看，发现荆将军的庙化为平地。当地人很受感动，将这两个人的坟墓取名义气墩，世代相传。

48 女孩要学会保护自己

Q：

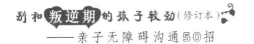

女儿最近不太对劲，动不动就躲在屋子里不出来。我一开始觉得是学习压力太大，或者身体不舒服，可一次放学后，她回来就进屋哭个不停。我逼问她，才知道她班上有几个男生，一下课就嘲笑欺负她，甚至动手动脚。我问她为什么不告诉老师，她说怕他们报复，更怕其他同学知道了笑话她。我真是要气炸了，想直接跑到学校去揭发那几个孩子。可又一想，这以后要是还有人欺负她怎么办，自己不能保护自己就永远可能被人欺负啊。尚老师，您有没有什么好办法能让我女儿学会自我保护呀，我实在是不知道怎么教她了。

A：

十几岁的花季少女，如同含苞欲放的花蕾，拥有最阳光灿烂的笑容和美丽纯真的梦幻，对一切都充满好奇和希望。但与此同时，青春期带来的还有尚未成熟的内心、社会经验的不足和经不起诱惑的脆弱意识。这一切综合起来，构成了青春期少女令人担忧的安全问题。

就像这个家长遇到的问题一样，青春期女孩非常容易遇到各种各样来自学校和社会的危险。在学校方面，由于男孩女孩都处于身心发展的转变期，身体的变化和心理的逆反会导致一些男孩做出一些坏行为，比如欺负女同学、毁坏学校设施，甚至在一些较年长学生的影响下对女孩子动手动脚等。在社会方面，刚刚十几岁的女孩，看着比较柔弱，防备心理也较弱，很容易被一些品行不良、别有用心的社会人士盯上。这两大方面共同构成了少女安全隐患的核心。

很多女孩，就像来信的这位家长的女儿一样，在遭受到不公正的待遇后，不是勇于保护自己，寻求解决之道，而是唯唯诺诺、前怕狼后怕虎而不敢有所行动。这样只会助长害人者的邪气，让他们变本加厉。更有一些女孩子，因为不堪忍受伤害，而又不敢寻求帮助，只有采取极端措施，自我伤害或者做出更可怕的事情。

这些案例让我们痛心疾首的同时，更感慨少女安全意识的淡薄。家长们面对这种情况，更是忧心万分，一些家长甚至严格规定女儿的作息和交友，平常出门都要汇报等等。但解铃还须系铃人，女孩自身拥有自我保护的意识，才是最重要的。家长可以保护她一时，但能时时刻刻在她身边看着吗？

让女孩加强自我保护意识，家长必须要让女儿懂得以下几点：

第一，要让女孩明白世道的复杂，从心底产生警戒意识。家长要经常给女孩讲述自我安全防范的必要性，让女孩从心底知道社会的复杂，不能轻信别人。例如，陌生人的话不能轻易相信，陌生人的邀请不能参与，绝不和不认识的人一起做事等。只有女孩凡事都多一个心眼，都多想一下是否安全，才能避免很多潜在的危险发生。

第二，给女孩制定一些必须遵守的安全规则。例如，晚上外出时，女孩必须要结伴而行，并且不要穿过于暴露的衣服，以免引人注意；外出时，一定要跟家里人说明，并且随时保持联系，以免发生危险时无法联系到人救援；独自在家的时候，一定要注意安全防范，切记关门锁门，不给陌生人尤其是男子随意开门等等。这些规定，能保护女孩，并且让她慢慢形成安全意识，

第三，教给女孩一些应对危险的方法。就像这位来信家长的女儿一样，女孩受到伤害后往往不敢大胆地说出来。这是家长必须要帮其改变的一个观念。遇到危险时，女孩一定不要自暴自弃，或者因为受到了一些伤害而缄口不言，从而导致更大的危险发生。勇敢地说出来、勇敢地应对、勇敢地通知家长老师，这些才是正确的做法。如果是在社会上遇到危险，女孩除了要保持冷静、想办法通知家人外，还要注意跟坏人周旋、想办法通知警察或其他人，以使自己获救。

第四，让女孩正确对待初恋等感情问题。青春期的女孩处于心理感情萌芽状态，开始有了诸如初恋、喜欢之类的迷茫感情，往往容易陷入迷恋某个男孩而不能自拔的境地。所以，家长要做的是经常跟女孩谈心，关注女孩心理感情的变化，及时获知女孩的情感状态，并且做女孩的“闺蜜”，了解并帮助女孩正确应对。青春期女孩的心事一般不轻易跟家人说，更因为那份懵懂的感觉而想隐藏在心底。对家长来说，了解这些不意味着要否定女孩或者说以此来限制女孩，那样只会更助长她们内心的叛逆。耐心了解、从心底理解，才是正确的沟通之道。

除了这些之外，父母还要具体问题具体分析。如来信的这位家长一

样，如果女儿在学校受到了同学的欺负，家长可以告诉女孩：不要害怕，要勇于指责他们，必要时甚至可以自卫反击，再不然就要告诉老师和同学，让大家谴责他们。家长应该让女孩明白，他们的行为是错误的，我们这样做是正当的，没有什么不好意思或者丢脸之说，即便丢脸也是他们丢脸。

总之，家长一定要重视对女孩进行自我保护教育，让女孩了解社会的复杂和阴暗面。当然，在这个过程中，家长也不可过度渲染“坏人坏事”，而是要教给女孩正确的为人处世观念和安全意识。例如，如果在路上遇到了问路的陌生人，女孩还是应当帮忙的，但若对方纠缠不清还要求你给带路，那就要严词拒绝并且果断离开。

拥有正当的安全意识并不意味着要完全拒绝别人、与社会隔绝，而是要以明媚健康的心态应对社会和人性的黑暗面。在这一点上，家长还需要更加用心、更加努力，给女孩打造一片晴朗而明媚的蓝天。

尚阳讲故事

阿加莎·克里斯蒂是享誉世界的侦探小说家。作为一位女性，她就曾遇到过危险，但她机智勇敢地化解了危机，很好地保护了自己。

一天，阿加莎·克里斯蒂参加完一个朋友的宴会，正在往家走。忽然，巷子里窜出了一个抢劫犯。

对方恶狠狠地说：“快，把你的耳环给我！”

阿加莎·克里斯蒂舒了口气，一边用大衣衣领挡住自己的项链，一边快速地把自己的耳环扔到地上，说：“现在我可以走了吧。”

抢劫犯显然注意到了这个举动，说道："嗯？那是什么？"

阿加莎·克里斯蒂慌张地用手挡住项链，说道："先生，这条项链一点也不值钱，给我留下吧。"

对方急了："快点！拿来！"

阿加莎·克里斯蒂不情愿地把项链扔在地上，对方拿过项链，飞奔而去，把自以为廉价的耳环丢在了地上。

阿加莎·克里斯蒂捡起耳环，慢慢走回家去。她在心里长长地出了口气，因为那个项链根本不值钱，最值钱的其实正是这个耳环。

面对危险，阿加莎·克里斯蒂不但冷静面对、坦然处之，还成功地运用计谋保护了自己的钱财。这种行为值得现代的女孩子们好好学习。

49 男孩也要注意“性侵害”

Q：

尚老师，您好，我最近参加一个安全讲座，里面的老师提到，男孩子也要注意安全，小心性侵害。我听完后很震惊，原来男孩子的安全教育也很重要！因为我家就是一个男孩，并且长得十分秀气，但我从来没往这方面想过，希望老师您能在这方面给我讲一讲。

A：

北京大学医学部儿童青少年卫生研究所曾经开展过一项在广东、浙江、湖北、陕西、黑龙江、北京 6 个省市的 4327 名学生中的不记名调查，调查表明，男孩涉及的性侵犯行为的实际发生率和女孩的发生率没有明显的区别，差距只在 1%～2%左右。

因此，他们认为，导致儿童受到性侵害的原因是多方面的，但其实发生的概率对男生和对女生都是差不多的。专家们还发现，性侵害往往发生在熟人间，比如邻居、同学家长、某些同性恋等，可以是男人，也可以是女人。他们往往通过对孩子好取得孩子的好感，在后期他们很可能利用孩子的无知和幼稚，做一些坏事。孩子往往很害怕又反感，但不一定敢说出来。

在我们的认知里，我们都会认为女孩比男孩更容易受到侵犯。所以我们对女孩子说，“不要和陌生人说话”“放学后早点回家”“不要被男孩占便宜”“不要在同学家留宿”等，而对男孩子呢，却觉得他们不去惹这方面的麻烦就行了，还需要担心吗？最多是叮嘱男孩子不要在外边惹是生非，不要结交坏人等等。其实，男孩子在性安全方面，与女孩一样，也需要家长和社会的保护。

而恰恰因为家长、老师很少能够考虑到男孩子也可能遭到性侵害，并且学校的青春期教育也少有这方面的内容，因此一旦男孩遭遇到这样的变故，就会茫然失措，不知道如何办才好。

有一位教育专家讲过这样一个故事：北方人很喜欢去澡堂泡澡，有一天，公共浴室人很少，一个五十多岁的男人，不断东张西望，后来和一个大约十三四岁的男孩攀谈起来，过了一会，他带着孩子去了无人的桑拿室。几分钟后，孩子的父亲发现孩子不见了，一寻找，竟然发现那个男人正在对孩子进行性骚扰行为！

试想，如果这个男孩子清楚自己可能会被不怀好意的人性侵害，在开始就肯定不会跟这个陌生男人去桑拿室。所以，提前告诉男孩子这些潜在的危险，就好比给孩子打了一针预防针，孩子在交往或接受邀请初期便能提高警惕，至少不会仅见过一次面就轻易随生人外出。

在平常的生活中，父母首先要帮助孩子树立起性别意识，让他们知道男女有别，不要犯错误；接着，家长要告诉孩子，什么是自己的隐私器官，不要因为“性”就羞于启齿那些隐私部位，不仅要让孩子有正确认识，还要告诉他们这些地方除了医生检查等特殊情况外，其他任何人都不能看不能碰。还有最重要的一条——身体是属于自己的，没有人可以违背你的意志随意触碰你。每一个男孩，都应该把这些记在心里。

中国人都是内敛的，说到这方面的教育，无论父母还是老师总觉得这样的事情说不出口。其实，春风潜入夜，润物细无声。我们不必正式地把它作为一个很大的话题来讨论，而是尽量用科学的语言告诉孩子们这些常识，不必遮遮掩掩。家长态度端正、严肃了，孩子才会有坦荡的心态，才会重视这个问题，也不会有太多的羞耻感。谈话的地点也可以多样化，无论是饭桌上、还是闲聊中，把某一件已经发生的案例，作为故事说给孩子们听，将故事中要注意的点都清楚地告诉孩子，这就是性安全教育。孩子们不遇麻烦最好，一旦遇到麻烦也不至于乱了方寸，至少他们还能清楚——我应该怎么办，我能够怎么办。

无论男孩还是女孩，都可能遇到有人意图不轨，在这个时候不要胆怯，要尽力引起公众注意，才是解决问题的好办法。在公共场合进行性骚扰的人，都是害怕见光的人，他们就是看准了孩子们性格软弱的特点，所以才肆无忌惮。在公共场合，一定不要害怕，要勇于呼救。另外，很多性侵害其实是可以避免的。孩子们出门在外时，要想清楚：什么时间、和谁在一起、去什么地方；与他人沟通的时候，“是”就是“是”，“不是”就是“不是”，要有自己的主见；同时不允许对方做你不同意的事；你是你身体的主人，谁都不能强迫你；当陌生人强硬时，你也不必礼貌；危险时刻，要想办法脱身，但要记住：生命比什么都重要！

现在社会上性犯罪时有发生。面对这种情形，男孩子也应树立强烈的

“自我保护意识”，不能一时冲动就脱离家庭、学校和社会的保护圈，独自闯荡，去网吧过夜、去外地游荡，从而把自己置身于孤立无援、缺乏保护的危险境地。而如果真遇到这样不幸的事情，应该怎么做呢？害怕得哭吗？惊慌失措？羞于对人说起？不，沉默只会让更多的人受害。在整个事件中，你是受害者，如果你惊慌、害怕，并羞于启齿，对方就更会肆无忌惮、变本加厉，你受到的伤害会更大。越早把真相“捅”出去，心理伤害的程度就越小，就越能在医生、老师、父母等的帮助下早日恢复身心健康。

无论是家长还是心理咨询师，在面对受到伤害的孩子、帮助遭遇“性伤害”孩子康复的过程中，最关键的是帮助其恢复信心，恢复其“自我价值感”，让他相信，不幸的经历不会降低自己的生命价值，只会让他变得坚强，同时要让孩子坚信自己是可以获得异性的尊重和关爱的。家长和心理咨询师要对孩子给予真诚的鼓励，传递出一份真切的理解，帮助受害者“接纳自己”是康复的标志和开始。告诉他：“这不是你的错！”坚定而明确的正向回应能直接针对其内心深处的“自我怀疑、自我否定、自我贬低”，会有效缓解受害者内心的“耻辱感”，会有效帮助其完成“自我认知”的重建，促其“提升自我价值”。

尚阳讲故事

2013年，为了引起公众对男孩性安全、性保护的意识，中国台湾地区教育部门特意制作了《如果早知道男生也会被性侵》这一短片，一经公布，便引发了台湾舆论的震动。剧中台词“不要啦！杰哥”，成为岛内青少年流行语，也唤起了很多孩子们的自我保护意识。而这部影片流传到中国大陆以后，同样引发了全民的讨论和思考，在互联网上也获得了数以万计的点击，促进了家长和社会对男孩子安全问题的深入思考。

50 “女孩富养，男孩穷养”对吗？

Q：

尚老师您好，我现在在很多书籍上都看到“女孩富养，男孩穷养”这个观点，这个观点到底对不对呢？

A：

前几年热播的一部电视剧里，一位母亲对女儿说：“男孩要穷养，女孩要富养。我吃亏就亏在这辈子没钱，没为你们姐妹两个提供好一点的生活环境，但凡你们从小经历过富裕，也不会为眼前的小恩小惠所迷惑。”这部现实题材的电视剧其实引出了一个教育界的观点：“男孩穷养，女孩富养。”

但到今天，“男孩穷养，女孩富养”存在认识上的分歧，有些爸爸妈妈认为这只体现在物质条件上的不同，如以为“富养女孩”就是无限满足女儿的物质需求，而“穷养男孩”就是故意让孩子吃不饱、穿不暖。这样不讲究方式方法，不注意性格、情感、精神的培养，势必对孩子的未来成长和发展造成不利的影响。

那么，这句话究竟如何体现在我们的现代教育中呢？其实，“穷”“富”的意义是体现在品质、修养上的，从来富贵多淑女，自古纨绔少伟男。

穷养男孩不是要把孩子养得邋里邋遢，没了自信和品位，关键要培养出他坚强的意志，以备将来他能担当应尽的责任，从而成长为一个真正的男子汉。

富养女孩也不是要把孩子变成娇滴滴的大小姐，而是要通过富足舒适的成长环境，把她塑造得优雅、大方、得体，让她们长大后会更有品位，会创造有情调的生活。

先来说说“穷养”：

古人说过，天将降大任于斯人，必先劳其筋骨，饿其体肤，苦其心志，如此才能修身治国平天下。培养孩子特别是男孩艰苦朴素、吃苦耐劳的作风，非常重要。很多家长觉得自己孩子是独生子，是家里的香火单传，所以总是大包大揽，让他像个小皇帝一样，这对孩子的成长非常不利，男孩成为男人的过程，其实是一个心态成熟的过程。今天成功的创业者、企业家，无论家境如何，大多在青少年时代吃过该吃的苦，正是源于此，才使得他们有着对事业的雄心和追求，能够忍受挫折，打造出一方属于自己的天空。男孩终将成为男人，将来是要成家立业，要分担养家的职责，没吃过苦、没吃过亏，怎么能担当这个重任呢？

再来说说“富养”：

有教育家说：“在我们身处的这个小宇宙里，一切都是潜伏地存在着。你给她光明，她立刻就看见了。”这句话的意思就是要我们多给孩子——

特别是女孩子——“光”和“热”。

比起男性，女性相对柔弱。你想，如果女孩从小没见过世面，一旦踏入社会遇到居心叵测的坏人，就很容易吃亏。如果女孩没见过世面，没有知识储备，她的生活自然也就暗淡和无趣。所谓教育，它的功能就在于挖掘孩子的潜能，之所以女孩被称为千金，可见女孩子是多么值得珍惜和保护啊！

从另一个角度来说，除了给予较好的物质条件外，家长还应该要开阔女孩的视野与见识，让她们知道那些历史上智慧和优雅并存的女人，她们都是值得现在女孩学习的榜样。

当女孩懂得美，懂得欣赏，懂得辨别，也就懂得了自我保护，而不会被外界的种种所诱惑，迷失自己的方向。

在我看来，男孩和女孩具有不一样的性格特征，具体到每个孩子身上，也不能一概而论。

教养孩子不仅仅在于性别差异，他们成长的环境和遗传因素等都各不相同，因此，要针对每个孩子的特点因材施教。穷养其实和富养有很多共通处，两者之间的共同点就是培养孩子们的自信、自立和智慧。我建议，在家庭条件允许的情况下，女孩和男孩，在道德、品格养成教育上，都有“富养”与“穷养”的必要性，在具体点侧重上，可以有所区别。通过“富养”培养出孩子开阔的眼界、丰富的知识、宽广的心胸、得体的举止、文明高雅的生活习惯，“穷养”养出孩子坚强、独立自主、勤俭持家等品质。

尚阳讲故事

“股神”巴菲特就是属于男孩要穷着养的成功案例。巴菲特的家庭是中产阶级，但巴菲特从中学起就靠每天自己骑车送报纸赚取零花钱，这使得他懂得了人生创业的艰辛；而著名女主持人、女企业家杨澜在少时曾寄居上海外婆家，家人在周末的时候就会带她去最高级的红房子餐厅吃西餐，去淮海路照相，去看最新潮的立体电影。因为她的家人认为，女孩子就要见世面，不然将来一块蛋糕就把她哄走了。

观点篇

育儿故事——画龙点睛

故事一则：

儿3岁。某日，头撞桌角，长一包，大哭。一分钟余，我走向桌子，大声问：“桌子呀，是谁把你撞疼了？哭得这么伤心？”儿止哭，泪眼看我。我抚桌，冲儿问：“谁呀？谁撞疼了桌子？”“我，爸爸，我撞的！”“哦，是你撞的，那还不快向桌子鞠个躬，说对不起！”儿含泪，鞠躬，说：“对不起。”自此，儿学会了责任和担当！

故事二则：

儿5岁。无故大哭，我问：“咋了，哪不舒服？”“没有不舒服。”“那为什么哭！”“就是要哭！”明显撒娇。“好吧，你要哭我们都没意见，可是你在这儿哭不合适，会打扰我们说话的，爸爸给你找个地方，你一个人好好哭，哭够了再叫我们。”说完将儿关进了洗手间：“哭完了敲门。”两分钟，儿拍门：“爸爸，爸爸，我哭完了！”“好，哭完了？哭完了就出来吧。”至今，儿18岁，仍未学会操纵和迁怒！

故事三则：

儿8岁。傍晚，牵儿散步经小桥，桥下碧水见底，暗流汹涌。儿仰头看我：“爸爸，小河好美，我想跳下去游泳。”我一愣：“好吧，爸爸跟你一起跳。不过我们先回家，换一下衣服。”回，儿换衣毕，见一盆水在面前，困惑。“儿子，下水游泳得把脸埋进水里，这你懂吧?”儿点头。“那我们现在就先练习一下，看看你能埋多久。”我看表。“好!”儿把脸埋进水里，豪气冲天！仅10秒：“呸呸，爸爸，呛水了，好难受。”“是吗? 等会跳到河里，可能会更难受些。”“爸爸，我们可以不去跳吗?”“好吧，不去就不去了。”从此，儿学会了谨慎而不冒失，三思而后行。

故事四则：

儿9岁，好吃。某晚，放学经麦当劳，驻足：“爸爸，麦当劳!”垂涎欲滴。“嗯，麦当劳！想吃?”“想吃!”“儿子，一个人想吃就吃呢，叫狗熊；想吃而能不吃呢，叫英雄。”接着问：“儿子，你要做英雄还是做狗熊呢?”“爸爸，我当然要做英雄!”“好！那英雄，想吃麦当劳时会怎样呢?”“想吃而不吃!”很坚定！“太棒了，英雄！回家吧。”儿流着口水，随我回。从此，儿学会了有所为而有所不为，经得起诱惑。

观点与感悟

观点一则：

孩子需要爱，更需要规矩，如果你不给孩子立规矩，孩子就会给你立规矩。孩子会很快长大，时光不能倒流，作为父母的亲爱读者们，我们一定要珍惜与孩子相处的时间啊，不要着急，让孩子慢慢长大；不要过于烦恼，快乐（幸福）原本就在烦恼之中；不要粗心大意，漏掉我们看来是小事的孩子的大事。要重视孩子的家庭教育，要知道孩子的今天来自昨天，将会影响他的明后天；良好的品格与习性需要从小培养，是从点滴小事中逐渐建立起来的，一旦做成了夹生饭，再来挽救，就会悔之晚矣！

观点二则：

父母对孩子正确的关爱：不仅需要生活上的温暖关爱，还需要在感情上的亲密沟通；不仅需要思想道德上的说教，还需要以身作则言传身教；不仅需要有直接的关爱，还需要有间接的关爱；不仅需要从父母的角度去关爱孩子，还要从孩子真实需求出发去关爱孩子，真实的关爱是“润物细无声”的。

观点三则：

家庭教育虽然受环境与习惯的影响，父母与孩子都会很随意、直接，但真正有效的方法，却需要直中有曲、曲中有直；动动脑筋，绕绕弯子。要透过现象看本质，分析表象背后深层次的问题。找到问题的根源，从源头着手解决。

观点四则：

帮助孩子克服一种不良习性，不是一件简单的事，不能轻敌，要有计划性，需要分段改进、系统解决。

观点五则：

不要只想解决孩子的问题，孩子的问题要与家长共同解决，先解决好家长的问题，才能解决好孩子的问题。

观点六则：

父母要根据孩子的特征、环境和变化，因人施教，因地、因时制宜。

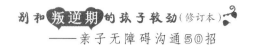

附录：好家长必须了解的教育心理学知识

1. 青春期

青春期（又称青少年期）是人从儿童期至成年期的过渡时期，它的开始阶段是第二性征的出现。在此期间，人的体格、性征、内分泌及心理等方面都发生了巨大变化，人体生长发育是继婴儿期后出现的第二个高峰，各组织器官由不成熟走向成熟，由能力不足趋向功能健全，世界观及信念逐步形成。

2. 心理断乳期

进入青春期前后的青少年，显著的特点是“变”。孩子开始发育了，生理上在变，心理上也有变化，你要东，他偏要西。这种现象，心理学上称之为“逆反心理”；这个时期，心理学上称之为“心理断乳期”。青少年这种要求在心理上摆脱父母控制的现象被称为心理断乳。

3. 人格稳定性

人格具有跨时间、情景的一致性，个体在行为中偶然表现出来的心理倾向和心理特征并不能真实反映出他的人格。

通过对大量青少年的研究表明，人的性格结构具有相对的稳定性，就是说，一个人外表的举止行为变了，性格的基本结构却是不变的。俗话说的，“江山易改，禀性难移”，这里的“禀性”就是指人格。

4. 第二性征

第二性征是指与生殖系统无直接关系，而可以用来分辨一个物种的性别的特征，男性的第二性征表现为生须、喉结突出、骨骼粗大、声音低沉等；女性的第二性征表现为乳腺发达、骨盆宽大、皮下脂肪丰富、嗓音尖细等。

5. 性意识

指的是对性的认识和评价，包含两个层面：一是对性别的认同，即个体认识到自己是男性还是女性；二是对性的向往和追求。

6. 神经衰弱

神经衰弱是指大脑由于长期的情绪紧张和精神压力，从而产生精神活动能力的减弱，其主要特征是精神易兴奋和脑力易疲劳、睡眠障碍、记忆力减退、头痛等，伴有各种躯体不适等症状。

7. 人格障碍

又称病态人格或变态人格，是指童年时期发展起来的明显偏离正常的性格（主要表现为情感或意志行为障碍）。

8. 抑郁症

抑郁症又称抑郁障碍，以显著而持久的心境低落为主要临床特征，是心境障碍的主要类型。它是指一种持久的心境低落状态，常伴有焦虑、躯体不适和睡眠障碍。

9. 自闭症

自闭症是一种广泛性发展障碍，以严重的、广泛的社会相互影响和沟通技能的损害以及刻板的行为、兴趣和活动为特征的精神疾病。它被归类为一种由于神经系统失调导致的发育障碍，其病征包括不正常的社交能力、沟通能力、兴趣和行为模式。

10. 网络成瘾

是指青少年由于反复多次的、长时间的上网而对网络产生依赖感的一种心理状态。其主要特征是：无节制地花费大量时间上网，必须增加上网时间才能获得满足感，不能上网时出现异常情绪体验，学业失败、工作绩效变差或现实人际关系恶化，向他人说谎以隐瞒自己对网络的迷恋程度、症状反复发作等。

11. 道德感

人们用一定的道德标准评价自己和他人的行为、思想、意图时所产生的一种道德体验。不同的时代有不同的道德标准。

12. 创造力

人类能根据一定的目的、运用一切已知信息，产生某种新颖、独特、有社会和个人价值的产品和能力。

13. 自我意识

简单来说，就是个体对自己作为客体存在的各方面认识。自我意识是对自己身心活动的觉察，具体包括认识自己的生理状况（如身高、体重、体态等）、心理特征（如兴趣、能力、气质、性格等）以及自己与他人的关系（如自己与周围人相处的关系，自己在集体中的位置与作用等）。

14. 思维概括性

发育充分的大脑思维能在大量感性材料的基础上建立事物间的联系，把一类事物的共同特征和规律提取出来并加以概括。

15. 观察法

指在自然环境中，研究者通过感官或一定的仪器设备，有目的、有计划地观察对象的行为、动作、语言和外部表现，了解和分析其心理活动的一种方法。

16. 气质

气质，指人的生理、心理等素质，是相当稳定的个性特点。它有着不以活动目的和内容为转移的、典型且稳定的特征。

17. 马斯洛需求层次理论

马斯洛理论把需求分成生理需求、安全需求、爱和归属感、尊重、自我实现五类，依次由较低层次到较高层次排列。在自我实现需求之后，还有自我超越需求，但通常不作为马斯洛需求层次理论中必要的层次，大多数会将自我超越合并至自我实现需求当中。

18. 自我尊重

又称自尊，是对自我总体的带有肯定性的评价，它是自我认同的核心。

19. 信仰危机

指人们对原有良好而稳固的信仰，经过一定的困惑和忧患而产生的怀疑和动摇，直至全面崩溃以及没有信仰的一种精神意识状态。

20. 青少年非正式团体

青少年由于兴趣、爱好和生活等方面的趋同性而结合成的一种群体，是青少年在相互交流中形成的松散组织。

21. 多元智能理论

哈佛大学研究所发展心理学教授霍华德·加德纳提出了认知上的一个新理论——多元智能理论。他认为：人类至少具有七种以上智能——言语语言智能、音乐节奏智能、逻辑数理智能、视觉空间智能、身体动觉智能、自知自省智能、交往交流智能，所以应该进行全面教育，开发每个人身上的七种智能，最大限度地挖掘人的潜能。这一理论也最终促使了美国历史上一次重大的教育变革。